汽车类专业人才培养系列教材

汽车文化

◆ 微课版 ◆

高元伟 孙影 周宇◎主编
张成利 王琳琳 刘杨◎副主编

人民邮电出版社
北京

图书在版编目（C I P）数据

汽车文化 : 微课版 / 高元伟, 孙影, 周宇主编. --
北京 : 人民邮电出版社, 2024.7
汽车类专业人才培养系列教材
ISBN 978-7-115-62514-4

Ⅰ. ①汽… Ⅱ. ①高… ②孙… ③周… Ⅲ. ①汽车－文化－教材 Ⅳ. ①U46-05

中国国家版本馆CIP数据核字(2023)第162694号

内 容 提 要

本书以普及汽车基本知识，传播和弘扬汽车文化，适应我国汽车工业发展的新形势为目标编写而成，内容包括汽车发展简史、现代汽车技术、汽车公司与品牌、汽车外形与设计、汽车与社会、汽车时尚 6 个项目。本书按“项目+任务”的结构进行编写，充分体现了汽车的历史性、知识性和趣味性，内容丰富、图文并茂、可读性强。本书立足当前“推进教育数字化”的时代背景，以纸质教材为载体，以二维码链接的形式嵌入数字化拓展资源，对纸质教材进行补充和延伸。并同步出版数字教材，创新教材出版形式，助力职业教育的数字化转型。

本书可作为高等职业院校、成人高校及应用型本科院校汽车类相关专业课程的教学用书，亦可作为汽车工业从业人员的业务参考书及广大汽车爱好者的阅读材料。

◆ 主　　编　高元伟　孙　影　周　宇
副 主 编　张成利　王琳琳　刘　杨
责任编辑　王丽美
责任印制　焦志炜

◆ 人民邮电出版社出版发行　　北京市丰台区成寿寺路 11 号
邮编　100164　　电子邮件　315@ptpress.com.cn
网址　https://www.ptpress.com.cn
优奇仕印刷河北有限公司印刷

◆ 开本：787×1092　1/16
印张：10.25　　2024 年 7 月第 1 版
字数：227 千字　　2024 年 7 月河北第 1 次印刷

定价：59.80 元

读者服务热线：(010)81055256　印装质量热线：(010)81055316
反盗版热线：(010)81055315
广告经营许可证：京东市监广登字 20170147 号

前　言

编写背景

21世纪，世界汽车产业进入了科技创新的时代。以电子信息技术和原材料为核心的技术革新、技术发明大量涌现，使得汽车产业的发展由量变转为质变。现代汽车已经由传统的机械产品发展成为高新技术产品，汽车已经成为一种新的文化载体。中国汽车产业也进入以新能源汽车为代表的高质量发展阶段，并迈入创新型产业行列。为了满足当前经济社会对汽车服务人才的需要，推进新型工业化，加快实施制造强国、交通强国战略，体现立德树人的根本目的，帮助广大学生及汽车爱好者更好地了解汽车文化，推进文化自信自强，我们编写了《汽车文化（微课版）》这本书。本书从汽车发展简史、现代汽车技术、汽车公司与品牌、汽车外形与设计、汽车与社会、汽车时尚等方面，向大家展示了一个多彩的汽车世界。

本书特色

本书按照人们对汽车的认知习惯和兴趣爱好进行编排，按“项目+任务”的结构进行编写，通过任务引领，培养学生的综合职业能力，实现理论与实践一体化教学。全书设置了6个项目，共包含16个学习任务，每个学习任务都设有学习目标、相关知识、实践体验、思考与练习4个模块，这一设置符合有目标、有认知、有实践、有反思的学习规律。本书力求将知识和兴趣融为一体，做到理论与实践相结合、应知和应会相结合、传统与现代相结合，注重实用性，保证科学性，突出实践性，融合趣味性，增强读者对汽车的爱好和了解，提升读者对汽车的鉴赏能力。

本书贯彻党的二十大精神，落实立德树人根本任务，每个任务从职业素养、科学精神、爱岗敬业、工匠精神、家国情怀、民族自信等多方面融入素质教育内容。本书立足当前“推进教育数字化”的时代背景，嵌入数字化拓展资源、相关视频、汽车发展动态等数字资料，彰显汽车文化魅力，以提升学生的学习兴趣和自主学习的能力。本书通过移动互联网技术创新教材形态，将线上与线下相结合，进一步提高教学效果。并同步出版数字教材，助力职业教育的数字化转型。

教学建议

“汽车文化”是汽车类专业的一门专业基础课程，在整个专业的课程体系中发挥着先导作用。教师在教学过程中应以学习任务为载体，将知识讲解、技能和职业素质培养融入其中，并对学生的学习过程进行评价，以促进学生的学习与成长。为此，我们提出了指导性的教学学时安排建议，具体见下表。

学习项目	学习任务	参考学时
项目1　汽车发展简史	任务1.1　汽车的诞生	2
	任务1.2　世界汽车工业发展史	2
	任务1.3　中国汽车工业的发展	2
项目2　现代汽车技术	任务2.1　汽车基础知识	2
	任务2.2　汽车新技术	4
项目3　汽车公司与品牌	任务3.1　中国汽车公司与品牌	2
	任务3.2　美国汽车公司与品牌	2
	任务3.3　欧洲汽车公司与品牌	4
	任务3.4　日韩汽车公司与品牌	2
项目4　汽车外形与设计	任务4.1　汽车的设计与制造	2
	任务4.2　汽车外形	2
	任务4.3　汽车色彩	2
项目5　汽车与社会	任务5.1　汽车与环境	2
	任务5.2　汽车与交通及汽车保险	2
项目6　汽车时尚	任务6.1　汽车运动	2
	任务6.2　汽车娱乐	2
合计		36

配套资源及获取方式

为了更好地服务教学，编写组为教材配备了丰富的教学资源，说明如下表。读者可登录人邮教育社区（www.ryjiaoyu.com）获取。

序号	资源名称	内容说明
1	教学PPT	对应6个学习项目
2	微课视频	对应各项目重难点知识，便于学生复习与自学
3	课程标准	含课程定位、设计思路、内容要求、学时分配等
4	教学计划	含教学任务、内容、要求、学时安排等
5	教案	对应6个学习项目
6	试题库	包含各类型试题及参考答案

本书由辽宁省交通高等专科学校的高元伟、孙影、周宇任主编，张成利、王琳琳、刘杨任副主编，参加编写的还有黄艳玲、张丽丽、李长成等。

由于编者水平有限，书中难免存在不当之处，敬请广大读者批评指正。

编　者

2023年12月

目　录

SERENA

GENLYON

项目1 汽车发展简史

装备轻便动力、自行推进的轮式道路车辆——汽车，在发明之初并非现在这个样子，汽车的发展有一个漫长的过程。汽车经100多年的不断改进、创新，凝聚了人类的智慧和匠心，并得益于石油、冶金、化工、塑料、机械设备、电力、电子技术等多种行业的支撑，才成为今日这样具有多种形式、不同规格，广泛用于社会、经济、生活等多领域的交通运输工具。本项目将带领大家“重走”汽车的发展之路。

任务1.1 汽车的诞生

学习目标

知识目标	能力目标	素养目标
• 了解古代车辆的发展情况； • 掌握汽车诞生的历史背景与条件； • 了解内燃机发明的历史过程； • 掌握汽车的发明日期和发明人。	• 能总结汽车诞生的历史进程； • 能分析影响汽车发展的历史因素； • 能区分中外早期车辆的特点。	• 培养自主学习能力； • 培养沟通与协调能力； • 培养计划与决策能力； • 培养汽车鉴赏能力； • 培养汽车服务类学生的职业认同感。

相关知识

纵观人类文明发展史，可以发现汽车的发明不是偶然，更不是凭借一己之力，它是人类集体智慧和劳动的结晶。人类经历了漫长的靠双足跋涉的时代后，发明了车轮和车，后来又发明了蒸汽机和内燃机，这些都为汽车的发明开辟了道路。终于在1886年，德国人卡尔·本茨发明了世界上第一辆三轮内燃机汽车。今天我们就来了解一下汽车是如何诞生的。

1.1.1 车轮和车

（1）车轮的发展

车轮是人类在搬运东西的劳动实践中逐渐发明的。随着生产工具的改进，人类猎取的东西多了，把它们运到目的地就困难了。于是有人就想出了主意，从地上拣了几根折断的粗树枝，用藤蔓将这些树枝连接在一起，然后把猎物放在上面，双手抓住两根长树枝拖着走，这比用肩扛背驮轻快多了。还有人把两根木棍并排起来，中间系一块布，双手持两棍一端，拖着另一端走。上述这些，就是人们最初发明的一种“轻橇”，它的特点是借助滑竿在地上滑动来节省体力。大约在公元前4000年，北欧人发明了更具实际意义的“橇”，人类用滑动实现了运输方式的第一次飞跃。

大约在人类发明“橇”后1000年，中亚人发明了车轮，从此人类有了一种新的移动方式，那就是用“滚动”代替“滑动”，实现了运输方式的第二次飞跃，大大提高了运输效率。最早的车轮是用粗圆木制作的（图1-1）。后来车轮的制造工艺有了很大发展，“木直中绳，輮（róu）以为轮，其曲中规。”这是《荀子·劝学》中对古人制造车轮的描述，古时候车轮的结构大致由辋、毂、辐3部分组成（图1-2），这种结构减轻了车轮的自重又增加了强度。辋就是车轮的外圆，类似于现在的外胎，毂就是车轮中心的原木，起固定支撑作用，辐就是辋与毂之间连接的木棍。最早的车轮都是用木头制作的，并在周朝出现了用油脂做轴承的润滑材料。后来随着钢铁的出现，木轮发展成为钢制轮，外加橡胶轮胎，内充空气，车轮日臻完善。

图1-1 实心木轮

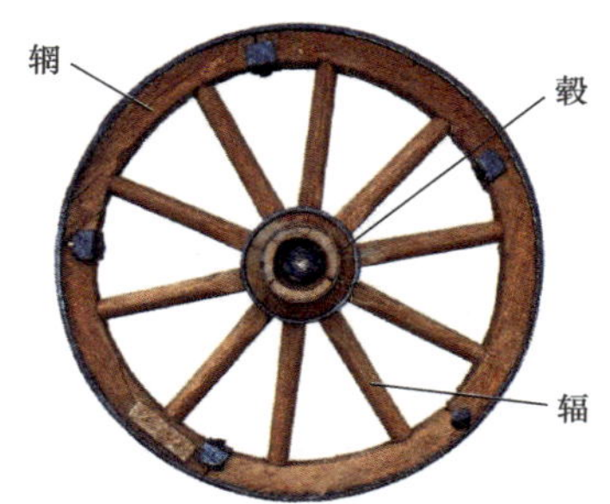

图1-2 古代车轮

（2）车辆的发展

车辆几乎是与车轮同时出现的，我国是最早使用车辆的国家之一。传说在5000年前，黄帝就制造了车辆，古时用“轩辕”代指车辆，所以，黄帝又称为“轩辕黄帝”。“轩”是古代一种带有帷幕而前顶较高的车，“辕”是车的纵向构件，指车前驾牲畜的两根直木。不过，黄帝造车的传说迄今尚未找到确凿的史料。

“车”字的解析

据《左传》记载，在夏朝初大禹时代，奚仲制造出世界上第一辆车（马车），设有车架、车轴、车厢，为保持平衡，采用左、右两个轮子。《墨子・非儒》中也提到“古者羿作弓，杼作甲，奚仲作车，巧垂作舟”。可见奚仲造车的说法较为可信。河南安阳殷墟遗迹中的车马表明商朝的车是单辕两轮车，甲骨文中“车”字的许多造型可为佐证（图1-3）。

图1-3 “车”字的发展

当马遇见了车辆，马车出现了。马车的历史极为久远，直到19世纪，马车仍然是城市中十分重要的交通工具，其中欧洲主要使用的是四轮马车（图1-4），而中国使用的主要是两轮马车（图1-5）。春秋战国时期，马拉的兵车（图1-6）是军队的主要作战工具。各诸侯国大量制造兵车，像秦、楚等强国的兵车数量超过千辆，因此有“千乘之国”之称，这是军事实力的体现。

图1-4 欧洲四轮马车

图1-5 中国两轮马车还原图

秦始皇在统一六国之后，为了强化国家对地方的控制能力，大力修筑“驰道”，以保证运输通畅，还实施“车同轨”，统一车辆的轮距，大大减少了运输成本，提高了运输效率，这可以说是世界上最早的车辆标准化法规。从现在的角度来看，“车同轨”使秦驰道可以通向全国各地，秦驰道类似于现在的“高速公路”。

图1-6　古代兵车想象图

（3）自动车辆的尝试

尽管古代的人们对车辆不断进行改进探索，但人力车或者畜力车的速度和载重量总是受到很大限制，无法满足人类的需求和生产力的发展。制造出多拉快跑的自动车辆，一直是人类的梦想。14世纪至16世纪的文艺复兴促进了欧洲的思想文化和科学技术走向繁荣，欧洲的车辆制造技术也飞速发展，欧洲人开始了制造自动车辆的大胆尝试。

1420年，英国人发明了一种滑轮车（图1-7）——人坐在车内，借用人力使绳子不停地转动滑轮，从而提供前进所需的动力。车虽然动了起来，但由于人力有限，这辆车的速度不能充分地得以提升，比步行还要慢。1600年，荷兰人西蒙·斯蒂芬制造了一辆双桅风帆车（图1-8），其依靠风能驱动，对风向和风力的要求比较严格。1649年，德国的一个钟表匠汉斯·赫丘制造了一辆发条车（图1-9），但是这辆发条车的速度不到1.6km/h，而且每前进230m，就必须把钢制发条卷紧一次，这个工作的强度太大了，所以发条车也没有能够得到发展。

图1-7　英国的滑轮车

图1-8　荷兰的双桅风帆车

图1-9　德国的发条车

以上关于“自动车辆”的尝试，都因为存在种种问题而失败了，其实问题的关键就在于缺少长效而稳定的动力装置。

1.1.2　蒸汽机的发明

蒸汽机是将蒸汽的能量转换为机械能的往复式动力机械。蒸汽机的出现曾引发18世纪的工业革命。直到20世纪初，它仍然是世界上最重要的原动机，后来才逐渐让位于内燃机和汽轮机等。

16世纪末到17世纪后期，英国的采煤业已发展到相当大的规模，单靠人力、畜力已难以满足排除矿井地下水的要求，而采煤现场又有丰富而廉价的煤作为燃料。现实的需要促使许多人致力于“以火提水”的探索和尝试，如英国的萨弗里、纽科门等人。

终于在1696年，萨弗里制成了世界上第一台实用的蒸汽提水机（图1-10），在1698年取得名为“矿工之友”的英国专利。萨弗里的蒸汽提水机依靠真空的吸力汲水，汲水深度不能超过

6m。为了从几十米深的矿井汲水，需要将蒸汽提水机装在矿井深处，用较高的蒸汽压力才能将水压到地面上，这在当时无疑是困难而又危险的。

1705年，纽科门发明了大气式蒸汽机，用以驱动单独的提水泵，被称为纽科门大气式蒸汽机（图1-11）。这种蒸汽机先在英国、后来在整个欧洲得到迅速推广，它的改型产品直到19世纪初还在制造。纽科门大气式蒸汽机的热效率很低，这主要是由于蒸汽进入汽缸时会在刚被水冷却过的汽缸壁上冷凝而损失掉大量热量。因此，这种蒸汽机只在煤价低廉的产煤区得以推广。

蒸汽机的工作原理

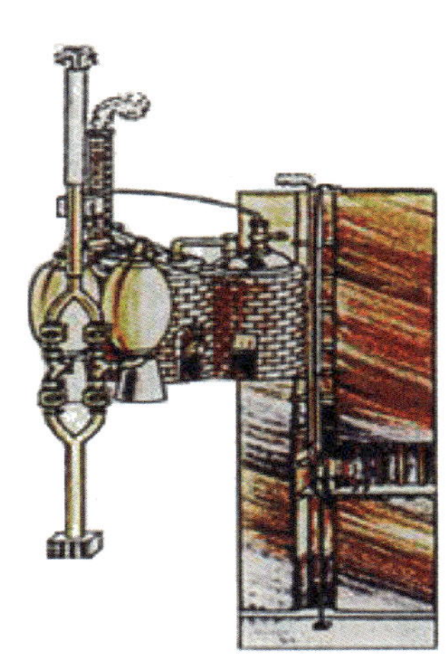
图1-10　萨弗里的蒸汽提水机

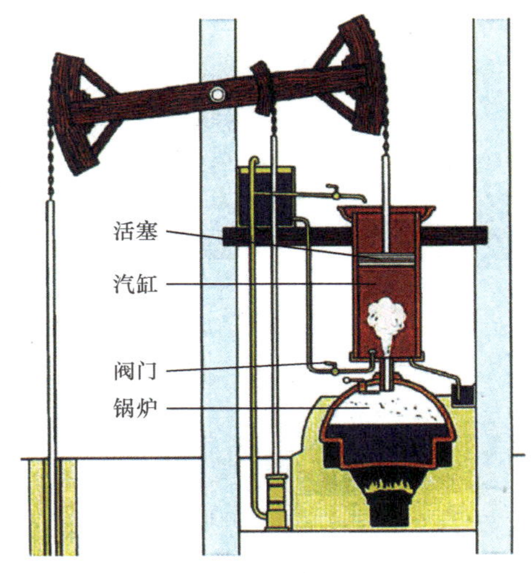

图1-11　纽科门大气式蒸汽机

1763年，英国人詹姆斯·瓦特（图1-12）开始针对纽科门大气式蒸汽机的缺点研制新的蒸汽机，并在1776年研制出世界上第一台真正意义上的动力机械——蒸汽发动机（图1-13），这是历史性的进展，而自动车辆诞生也因此有了可能。

图1-12　詹姆斯·瓦特

图1-13　瓦特的蒸汽发动机

1.1.3　蒸汽机汽车的发明

1763年，法国的技术军官尼古拉斯·古诺所在的兵工厂生产了一种炮身由生铁铸成的大炮，但它需要几匹强壮的马才能拉动。古诺希望将蒸汽力作为拉大炮车辆的牵引力。经过6年的努力，古诺于1769年制成了他设想中的蒸汽机汽车（图1-14）。蒸汽机汽车的车身是很重的木制框架，前面支撑着一个锅炉，锅炉后面是两个汽缸，锅炉产生的蒸汽送进汽缸，推动着装在里面的活塞上下运动，再通过曲柄把活塞的运动传给装在车框架下面的前轮，推动前轮转动而使车辆前进。古诺的蒸汽机汽车的速度只有4km/h，比马车慢得多，而且蒸汽机汽车走了15min就得停下来，因为锅炉产生的蒸汽已经用完了。只有下车给锅炉添水加煤，等到锅炉里重新喷出蒸汽以后，车才能继续前进。遗憾的是，在后来的试车过程中，古诺的蒸汽机汽车因撞墙而损坏，这也被认为是世界上第一起机动车事故。

图1-14　古诺发明的蒸汽机汽车

1.1.4　内燃机的发明

鉴于蒸汽机过于笨重、启动慢和热效率低等问题，在17世纪末就已经有人提出制造内燃机的想法。经过150多年的不懈努力，终于在19世纪中叶，人们看到了内燃机出现的曙光。

1862年，法国工程师罗夏在本国科学家卡诺研究热力学的结论的基础上，提出了四冲程内燃机的工作原理：活塞下移，进燃气；活塞上移，压缩燃气；点火，气体迅速燃烧膨胀，活塞下移做功；活塞上移，排出废气。4个冲程周而复始，推动机器不停地运转。罗夏提出了四冲程内燃机的理论，而将这一理论变为现实的是德国发明家尼古拉斯·奥托（图1-15）。

1876年，奥托设计并制成了第一台四冲程内燃机（图1-16）。这台内燃机使用煤气作为燃料，采用火焰点火。它具有体积小、转速快和热效率高等优点，其工作原理与现代内燃机的工作原理已经非常接近，它是第一台能代替蒸汽机的实用内燃机。为了纪念奥托的发明，内燃机工作过程中的进气、压缩、做功、排气4个冲程的循环方式被称为“奥托循环”。

图1-15　尼古拉斯·奥托

图1-16　奥托发明的四冲程内燃机

以煤气为燃料的内燃机虽然比蒸汽机具有更强的优越性，但在社会化大生产情况下，仍不能满足交通运输业的高速、轻便等要求。因为它以煤气为燃料，需要庞大的煤气发生炉和管道系统。而且煤气的热值低（$1.75\times10^{7}\sim2.09\times10^{7}J/m^{3}$），故以煤气为燃料的内燃机转速慢，功率小。到19世纪下半叶，随着石油工业的兴起，用石油产品取代煤气作为燃料已成为必然趋势。

1883年，德国人戈特利布·戴姆勒在好朋友威廉·迈巴赫的帮助下，在奥托四冲程内燃机的基础上，使用汽油作为燃料，改进开发了第一台汽油机（图1-17）。后来他们还制成了世界上第一台轻便小巧的化油器式、电点火的小型汽油机，其转速达到了当时创纪录的750r/min，汽油则成为汽车的一种理想的动力源。

图1-17　第一台汽油机

1897年，德国工程师鲁道夫·狄塞尔（图1-18）摘取了“柴油机发明者”的桂冠，他成功试制出世界上第一台柴油机（图1-19）。狄塞尔经过多年研究，于1892年提出压燃式内燃机原理，为柴油机的诞生奠定了理论基础。后来狄塞尔经过多年的不懈努力，克服了重重困难，终于在一片质疑声中将柴油机变为现实。柴油机是动力工程方面的又一项伟大的发明，它的油耗比汽油机低了约1/3，是汽车的又一颗机能良好的“心脏”。后人为了纪念狄塞尔的功绩，将柴油机称为“狄塞尔”（英语中的diesel即为柴油机的意思）。现在你仍可以在许多汽车后面看到DIESEL的字样，表示这是一辆柴油发动机汽车。

图1-18　鲁道夫·狄塞尔

图1-19　第一台柴油机

1.1.5　第一辆汽车的诞生

世界上最早的实用汽车是由德国的两名工程师几乎同时宣布制成的。卡尔·本茨发明了三轮汽车，戈特利布·戴姆勒造的是四轮汽车，他们二人都被世人尊称为“汽车之父”。

1. 卡尔·本茨的第一辆汽车

1886年，卡尔·本茨（图1-20）在德国曼海姆制成了世界上第一辆三轮汽车（图1-21）。

1886年1月29日，本茨正式取得德国的汽车专利证书（图1-22），这一天也被公认为汽车的诞生日。

图1-20 卡尔·本茨

图1-21 卡尔·本茨的三轮汽车

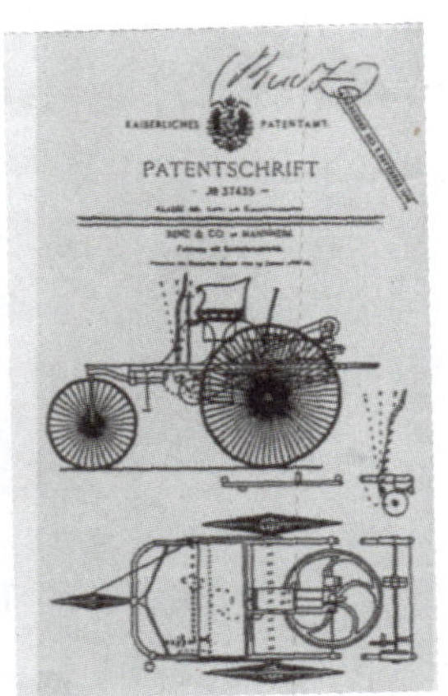

图1-22 卡尔·本茨的汽车专利证书

2. 戈特利布·戴姆勒的第一辆汽车

1881年，戈特利布·戴姆勒（图1-23）与威廉·迈巴赫合作开办了当时的第一家汽车工厂，开始研究一种“轻便快速”发动机的设计方案。1883年8月15日，他们合作发明了第一台汽油发动机。但是，戴姆勒并没有就此满足，他想创造一种“所有车辆都能使用的自动推进器”。终于在1885年，他又研制出车用立式单缸汽油机，功率达到了1.1马力（1马力≈735W）。

1886年，戴姆勒又将马车加以改善，增添了传动、转向等必备机构，并为其安上一台1.5马力的汽油发动机，使其成为世界上第一辆没有马拉的“马车”——汽车，其车速约为14.4km/h。第一辆实用汽车终于诞生了，如图1-24所示。

图1-23 戈特利布·戴姆勒

图1-24 戴姆勒的四轮汽车

实践体验

寻找汉字中的“车”文化

汉字的发展已有千年的历史，是中华文明中不可缺少的重要部分，是中华民族智慧的结晶。汉字是一种神奇的文字，本身形象如画，形、音、意融合。请同学们运用所学知识，并查阅字典等资料，每人找出10个以“车”字为偏旁的汉字，填在表1-1中，并标注它们的读音，说明它们的释义，例如“南辕北辙”中的“辕”与“辙”，以此来感受汉字中的“车”文化。

表1-1　汉字中的“车”文化

汉字	读音	释义
辕		
辙		

思考与练习

一、选择题

1. 现代第一辆四轮汽车的发明者是______。

A. 本茨　B. 波尔舍　C. 戴姆勒　D. 迈巴赫

2. 第一辆蒸汽机汽车是_____发明的。

A. 本茨　B. 古诺　C. 戴姆勒　D. 奥托

3. 汽车诞生于______。

A. 美国　B. 德国　C. 日本　D. 法国

4. 据《左传》记载，_____制造了世界上第一辆车。

A. 奚仲　B. 黄帝　C. 大禹　D. 管仲

5. 在古代车辆中，_____就是车轮中心的原木，起固定支撑作用。

A. 辋　B. 毂　C. 辅　D. 轴

二、简答题

1. 汽车的诞生日是哪天？简述汽车诞生的历史条件。
2. 简述内燃机发明的历史过程。
3. 简述詹姆斯·瓦特研制出蒸汽发动机的历史意义。

任务1.2 世界汽车工业发展史

学习目标

知识目标	能力目标	素养目标
• 了解世界汽车工业史上的4次重大变革； • 掌握世界汽车工业的基本格局； • 了解世界汽车工业的发展趋势。	• 能总结世界汽车工业的发展历程； • 能分析影响汽车工业发展的历史因素； • 能分析汽车工业的发展趋势。	• 培养自主学习能力； • 培养沟通与协调能力； • 培养计划与决策能力； • 培养汽车服务类学生的职业认同感。

相关知识

汽车工业通常指发动机、底盘、车身等各种零部件的设计、制造与营销等所涉及的企业和企业活动。汽车工业的发展经历了漫长的萌芽和发育时期。汽车诞生在欧洲，但是，以大规模生产为标志的汽车工业在美国形成，之后又扩展到欧洲、日本，直至世界各国。汽车工业得以发展，离不开各国人民的智慧和才能，是世界人民共同努力的结果。下面我们就来了解一下世界汽车工业发展史。

1.2.1 汽车工业史上的4次重大变革

1. 流水线生产方式的出现

1903年，福特汽车公司成立。美国汽车大王亨利·福特首先提出并实现了“让汽车成为广大群众的需要”。福特汽车公司积极研制结构简单、实用，同时性能完善且售价低廉的普及型轿车。

图1-25 福特汽车公司T型汽车

1908年，福特汽车公司正式投产T型汽车（图1-25）。1913年，福特汽车公司创建世界上第一条汽车生产流水线，如图1-26所示，并实行了工业大生产管理方式，实现了产品系列化和零部件标准化，节约了制造成本，汽车价格也大幅下降。到1927年T型汽车停产时，其已共计生产了1 500万辆。

福特的T型汽车在美国得到了普及，让汽车进入了普通家庭。福特汽车公司生产T型汽车的经验不仅为美国，还为世界汽车工业的发展奠定了基础，福特汽车公司因此被誉为“汽车现代化的先驱”，亨利·福特也被誉为“汽车大王”。从那时开始，汽车工业才有条件发展为世界性的成熟产业，现代化的汽车生产流水线（图1-27）也成为汽车厂商主要使用的生产方式。

图1-26　世界上第一条汽车生产流水线

图1-27　现代化的汽车生产流水线

2. 汽车产品的多样化

1931年以前，欧洲各国的汽车产量仅为北美的11.5%；到1950年，这一数字增大到16%；而到1970年，北美汽车年产量仅749.1万辆，而欧洲各国的汽车年产量却超过北美的38.5%，达到1 037.5万辆。许多欧洲汽车厂家，如德国大众、奔驰、宝马，法国雷诺、标致、雪铁龙，意大利菲亚特，瑞典沃尔沃，等等，均已闻名遐迩。欧洲汽车工业的大发展使世界汽车工业的重心逐步由北美转到欧洲。

欧洲汽车工业既有美国式汽车工业大规模生产的特征，又有自身的多品种、高技术水平的优势，为了尽量满足不同的道路条件、国民爱好等要求，欧洲汽车产品实现了由单一化到多样化的变革。针对美国车型单一、体积庞大、油耗高等弱点，欧洲各国利用本国的技术优势，开发了多品种和轻便普及型汽车，其中最具代表性的是德国大众汽车公司的甲壳虫普及型轿车（图1-28）。

图1-28　德国大众汽车公司的甲壳虫普及型轿车

在这一时期，汽车工业仍保持了大规模生产的特点，世界汽车保有量激增；汽车的科技含量增加，汽车品种进一步增多。汽车工业界对于汽车造成的安全问题、污染问题逐渐开始重视，制定了许多对策，开发了很多新技术，使汽车在结构、性能等方面都得到了大幅度优化。

3. 精益的生产方式

日本汽车工业在20世纪50年代形成完整体系，在20世纪60年代开始突飞猛进。正当美国与欧洲的汽车工业竞争激烈时，日本汽车企业开始推行终身雇佣制及全面质量管理体系，推出了“精益生产方式”。这种生产方式就是用精益求精的态度和科学的方法来控制和管理汽车的设计开发、工程技术、采购、制造、储运、销售和售后服务等每一个环节，从而达到以最小的投入创造出最大的价值的目的。其中的每一个环节以及各环节之间的衔接都是经过精心筹划的。如丰田汽车公司的“丰田生产方式”，日产汽车公司的“活动板生产方式”，五十铃汽车公司的“流通生产法”，等等，这些生产方式的目的都是减少生产过程中的浪费，最大限度地降低成本，加快资金周转，使产品更具竞争力。

20世纪70年代的两次石油危机使日本汽车工业界意识到能源短缺的问题，因此放弃了朝“大功率、高车速、豪华大型”方向发展的意图，形成了经济、实用的日本汽车风格。以丰田花冠（图1-29）为代表的日本汽车受到了全世界的欢迎。由于需求增加，日本汽车的产量也随之增大。1980年，日本汽车年产量首次突破1 000万辆，一举超过美国位居世界第一。此时，世界汽车工业的重心已移向日本。

图1-29　20世纪70年代的丰田花冠

4. 汽车工业走向世界

全球汽车工业正在往新兴市场转移已成为共识，新兴汽车市场的崛起导致全球汽车巨头投资区域已经发生变化，中国等新兴市场成为布局重点。照目前的趋势来看，第四次全球汽车产业变革已经开始，中国汽车工业的地位明显提升。

电力推进带来的电动汽车在动力系统上的革命，以及在人工智能、自动驾驶技术和商业营销模式4方面的创新将是汽车工业的第四次重大变革。其中汽车动力的电动化是一个复杂的系统工程，既涉及动力电池本身的技术发展水平，也涉及电动汽车基础设施（如电池的充电站、燃料电池的加氢站），同时还涉及市场的拓展和用户消费习惯的改变等。由于传统汽车产业的高度成熟，电动汽车技术的产业化进程不可能在短期内完成，必将用几十年逐渐地发展起来。

我国的新能源汽车产业经过多年的持续努力，技术水平显著提升、产业体系日趋完善、企业竞争力大幅增强，呈现市场规模、发展质量“双提升”的良好局面。中国新能源汽车目前无论是在科技水平还是在电动化、智能化、配套设施、自动驾驶技术等方面，都处于世界领先水平。

1.2.2　世界汽车工业的基本格局

从20世纪90年代后期起，全球汽车工业格局有两个最重要的特点：一是汽车企业资产重组与联合兼并，二是汽车生产正在从传统的、成熟的汽车市场转向新兴的汽车市场。这一系列变化导致全球汽车工业不断发生变化，但是基本格局变化不大，目前名列前茅的汽车企业举例如下。

（1）丰田汽车公司

丰田汽车公司是日本第一大汽车公司，总部位于日本爱知县丰田市和东京都文京区，旗下品牌有丰田、雷克萨斯、大发等。

（2）大众汽车集团

大众汽车集团是欧洲最大的汽车公司之一，总部位于德国沃尔夫斯堡，旗下有大众、奥迪、宾利、保时捷、斯柯达、布加迪、兰博基尼等品牌，车型覆盖了超豪华、豪华、主流乘用车及超级跑车等细分领域。

（3）雷诺-日产-三菱联盟

这个联盟由雷诺集团牵头组建，目的是通过优势互补、平台和配件共享等原则实现效率最大化，旗下品牌有雷诺、达西亚、日产、英菲尼迪、三菱等。

（4）Stellantis集团

Stellantis集团是由标致-雪铁龙集团和菲亚特克莱斯勒集团于2021年1月合并而来，旗下品牌有标致、雪铁龙、菲亚特、克莱斯勒、阿尔法·罗密欧、玛莎拉蒂、Jeep、道奇等。

（5）现代-起亚汽车集团

现代-起亚汽车集团是韩国最大的汽车集团，由现代汽车公司和起亚汽车公司合并而成，总部位于韩国首尔，旗下品牌有现代、捷尼赛思、劳恩斯、起亚等。

（6）通用汽车集团

通用汽车集团是目前美国最大的汽车制造商，总部位于美国密歇根州底特律市，旗下品牌有雪佛兰、别克、GMC、凯迪拉克等。

（7）本田技研工业株式会社

本田技研工业株式会社是日本第二大汽车制造商，总部位于日本东京，旗下品牌有本田、讴歌。

（8）福特汽车公司

福特汽车公司是世界上第一家采用流水线生产汽车的公司，总部位于美国密歇根州迪尔伯恩市，旗下品牌有福特、林肯、野马。

（9）梅赛德斯-奔驰集团股份公司

梅赛德斯-奔驰集团股份公司（原名戴姆勒公司）是著名的豪华汽车生产商，总部位于德国斯图加特，旗下品牌有奔驰、迈巴赫、Smart、AMG等。

（10）宝马汽车公司

宝马汽车公司的全称是巴伐利亚发动机制造厂股份有限公司，该公司是一家豪华汽车品牌制造商，总部位于德国慕尼黑，旗下品牌有宝马、mini和劳斯莱斯。

1.2.3 世界汽车工业的发展趋势

世界汽车工业的发展具有3个特点：第一，世界汽车年产量在波动中增长，产品结构逐年有所变化；第二，跨国企业为实现在新兴市场的扩张不断调整战略布局，世界汽车工业全球化成为必然；第三，世界汽车技术发展的步伐越来越快，汽车工业正处于科技创新时代。

1. 世界汽车年产量在波动中增长

2012—2022年，世界汽车年产量呈“先升再降再升”的趋势，2017年达到一个峰值，2018年后开始趋于下降，出现生产疲软的态势，2021年又开始恢复增长，如图1-30所示。近几年，世界汽车年产量在8 000万辆上下浮动。2022年世界前十国家或地区汽车年产量如表1-2所示。

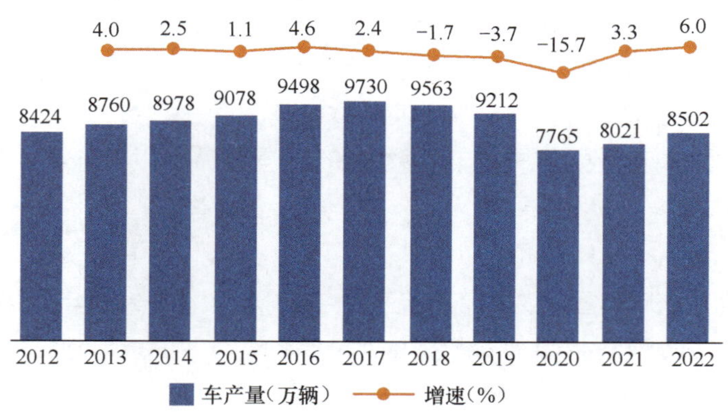

图1-30　2012—2022年全球汽车年产量变化图

表1-2　　2022年世界前十国家或地区汽车年产量

排名	国家或地区	年产量/万辆	占比/%
1	中国	2704	31.8
2	美国	1003	11.8
3	日本	782	9.2
4	印度	544	6.4
5	韩国	376	4.4
6	德国	366	4.3
7	墨西哥	349	4.1
8	巴西	238	2.8
9	西班牙	221	2.6
10	泰国	187	2.2

从全球的汽车生产格局看，中国以压倒性优势遥领首位，2022年汽车生产量约占全球汽车产量的32%。虽然近几年美国、日本、德国这几个老牌汽车强国的产量比重逐步下降，但其产量仍占世界汽车总产量的1/4左右。

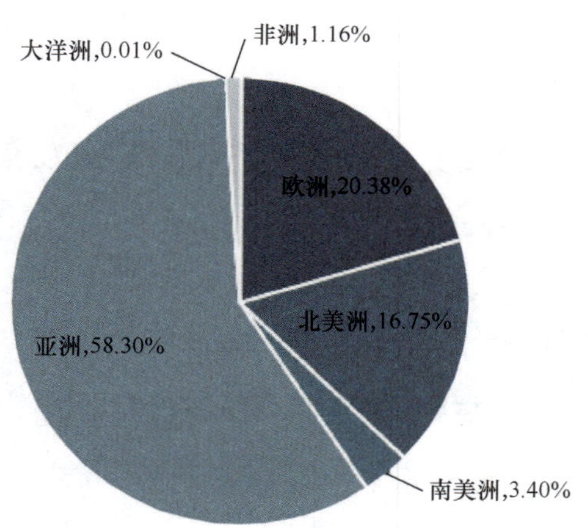

图1-31　2022年全球汽车生产格局

2012—2022年，全球汽车制造产业已将重心逐渐转移至亚洲。2022年全球汽车生产格局如图1-31所示。在2022年排名前十的国家或地区中，榜上共计5个亚洲国家或地区，其中，中国的汽车产量占比最高，中国已成为汽车制造产业的最大集中地之一，而美国仍为北美和南美洲的汽车制造业中心。全球汽车制造产业形成这样的转移形势的原因主要有以下几点。

① 亚洲劳动力成本较低，且劳动力充足。

② 亚洲的汽车生产技术和研发水平大大提高，

尤其是中国的汽车制造技术快速提升，且新能源汽车和智能汽车的技术全球领先。

③ 亚洲新兴市场的经济不断发展，中国及周边国家/地区对汽车的需求快速增长，这间接推动着全球车企在亚洲地区不断建设汽车生产厂，就近抢占新兴市场。

2. 世界汽车工业全球化成为必然

汽车工业是一个国际性产业，各汽车厂商进行资产重组、联合兼并成立跨国公司，即汽车工业全球化。世界汽车工业全球化包括汽车开发的全球化、销售战略的全球化和销售服务的全球化。世界汽车工业的全球化，集中体现在两个显著而又相互关联的特征上。

一是汽车产业链，包括投资、研发、生产、采购、销售及售后服务等主要环节的日益全球化。具体体现为国际主要汽车制造商利用全球资源，实现投资、开发、生产、采购和销售的优化配置，以适应各地区不同的环境和市场偏好。产业链中主要环节的分布，不再局限于一国的地理范围，而是日趋立足于全球平台操作。例如，过去跨国公司在本国建立、保留研发机构，对于目标国市场采取复制产品的方式进行投资，而现在则采取将各个功能和能力分配给全球市场的方式。也就是说，不同国家市场的多样性要优先于产品的设计和开发，全球化经营已成为跨国公司在全球竞争舞台上生存和发展的战略。

二是大型汽车企业之间的大规模重组。全球化推动了跨国公司之间的联合兼并与战略联盟的形成。近年来出现了许多汽车企业跨国联盟，如雷诺-日产-三菱联盟、Stellantis集团等，重组集中发生在规模庞大的跨国公司之间，重组后的规模也远远超过以往。这种方式改变了传统的资源配置方式、产业竞争模式和产业组织结构，实现共同采购、平台资源共享以及互助开发市场，也给竞争对手带来了严峻的挑战。

3. 汽车工业正处于科技创新时代

汽车工业的竞争实质上是现代科技的较量，是技术创新的竞争。面对激烈竞争的汽车市场，企业若要保持技术竞争优势，就必须加大研究和开发力度，但所需费用十分庞大，有时单独一家企业难以应对，因而企业之间往往形成技术联盟，实现优势互补，共享技术成果。据统计，汽车工业中95%的联盟都是技术联盟，其中50%侧重于跨国研究和开发。

技术创新能力成为竞争取胜的关键。世界各大汽车公司已把主攻方向从实施精益生产、提高规模效益转向以微电子技术和信息技术等高新技术对汽车工业的开发、生产、销售、服务和回收的全过程进行提升，围绕安全、环保、节能等重点领域，采用新能源、新材料、新工艺开发研制新车型，占领技术制高点。电动汽车、混合动力汽车技术取得突破性进展，正在走向实用阶段。互联网技术的应用将更加广泛，跨国汽车集团正将自己雄厚的技术实力、丰富的人力及财力资源与互联网相结合，同客户、经销商、供应商等建立一种新的业务模式。

实践体验

主题演讲“汽车的过去、现在与未来”

请同学们分成若干学习小组，组内分工要明确，运用所学知识并查阅相关资料完成实践活动。每组以“汽车的过去、现在与未来”为主题写一篇演讲稿，标题自拟，推荐一位代表做一次简短的演讲。请将本次演讲的标题与主要内容填写在表1-3中。

表1-3 主题演讲

标题	
主要内容	
演讲时长	不超过10min
演讲效果	演讲要精彩、言之有物，使人在美的享受中受到深刻教育，具有强大的鼓舞性、激励性、说服力、感召力

思考与练习

一、选择题

1. 汽车工业诞生于德国，成熟于______。

A. 英国　B. 美国　C. 法国　D. 日本

2. 被称为“汽车大王”的人物是______。

A. 马塞罗·甘迪尼　B. 克里·班戈

C. 亨利·福特　D. 乔治·亚罗

3. ______汽车公司创建了世界上第一条汽车生产流水线。

A. 奔驰　B. 福特　C. 大众　D. 丰田

4. 从目前来看，汽车工业史上发生了_____次重大变革。

A. 3　B. 4　C. 5　D. 6

5. 从20世纪90年代后期起，全球汽车工业格局发生很大变化，下列有关说法错误的是_____。

A. 汽车企业资产重组与联合兼并加快

B. 汽车生产转向新兴的汽车市场

C. 技术创新成为各国汽车工业竞争的关键

D. 市场趋于饱和，汽车产量逐渐下降

二、简答题

1. 什么是汽车工业？

2. 简述世界汽车工业的发展历程及现状。

3. 简述世界汽车工业的发展趋势。

任务1.3 中国汽车工业的发展

学习目标

知识目标	能力目标	素养目标
• 了解中国汽车工业的发展历程； • 掌握中国汽车工业的现状； • 了解中国汽车工业的发展趋势； • 了解中国各汽车生产基地的分布。	• 能总结中国汽车工业的发展历程； • 能分析影响中国汽车工业发展的历史因素； • 能分析中国汽车工业的发展趋势。	• 培养自主学习能力； • 培养沟通与协调能力； • 培养计划与决策能力； • 培养汽车服务类学生的职业认同感。

相关知识

1956年7月，中国人自己制造的第一辆汽车——解放牌载货汽车从长春第一汽车制造厂（以下简称一汽）总装线上成功下线，中国的汽车工业正式起步。经过几代人的艰苦奋斗，现在中国汽车工业进入了快速发展的道路。中国汽车工业的发展可概括为探索初创、自主建设、全面发展和自主崛起等4个阶段。今天我们就来了解一下中国汽车工业从无到有、从小到大、从弱到强的发展历程，学习披荆斩棘、艰苦奋斗的创业精神。

1.3.1 探索初创阶段

此阶段是中国汽车工业的创立阶段（1950—1965年）。在此阶段，中国建设了一汽这样的现代化汽车企业，生产了第一辆解放牌载货汽车，形成了“一大四小”5个汽车生产基地。

（1）一汽的建立

1950年1月，中国开始筹备建设一座现代化汽车厂。1953年7月15日，在吉林省长春市孟家屯举行了隆重的一汽建设奠基典礼，从此，中国汽车工业的发展拉开了帷幕。建设者们经过艰苦努力，仅仅用了3年时间，便在历史的空白处“凿出”国产汽车的源头。1956年7月13日，第一辆解放CA10型载货汽车下线（图1-32），这标志着中国不能制造汽车的历史从此结束，为中国汽车工业树立了不朽的丰碑，一汽也被誉为“中国汽车工业的摇篮”。

图1-32 解放CA10型载货汽车下线

1958年5月，一汽生产出第一辆东风CA71型轿车（图1-33），东风轿车的发动机罩上装饰了一个金龙腾飞的车标。通过东风轿车的试制，我国终于迈出了自制轿车的第一步。同年7月，一汽自行设计、试制的第一辆红旗CA72型高级轿车（图1-34）诞生。红旗高级轿车是国产高级轿车的先驱。1963年8月，一汽建成了具有批量生产能力的红旗轿车生产基地。

图1-33　东风CA71型轿车

图1-34　红旗CA72型高级轿车

（2）5个汽车生产基地的形成

1965年，我国已拥有一汽、南京汽车制造厂、上海汽车制造厂、济南汽车制造厂、北京汽车制造厂等5个汽车生产基地，基本填补了各类车型生产的空白。

① 南京汽车制造厂。1958年3月，该厂生产出第一辆跃进NJ130轻型载货汽车（图1-35）。该汽车投产后成为当时我国轻型载货汽车的主力车型。

② 上海汽车制造厂。20世纪50至60年代，我国迫切需要一种普及型轿车。1958年9月，第一辆国产凤凰轿车诞生，开创了上海制造汽车的历史。1964年，凤凰轿车更名为上海SH760轿车（图1-36），该车一直到20世纪80年代桑塔纳轿车投产才退出历史舞台。

图1-35　跃进NJ130轻型载货汽车

图1-36　上海SH760轿车

③ 济南汽车制造厂。1959年，济南汽车制造厂参照捷克的斯柯达706RT型8t载货汽车设计出我国的重型载货汽车。1960年4月，济南汽车制造厂成功试制了黄河JN150重型载货汽车（图1-37）。

④ 北京汽车制造厂。1962年，北京汽车制造厂成功试制第一辆北京BJ210轻型越野汽车；1965年，该车试制、鉴定定型为北京BJ212轻型越野汽车（图1-38）。

图1–37　黄河JN150重型载货汽车

图1–38　北京BJ212轻型越野汽车

20世纪60年代中期，全国汽车制造年产量约为6万辆，有载货汽车、越野汽车和轿车等共9个主导车型品种，但主要是仿制国外车型，缺乏自主设计能力。

1.3.2　自主建设阶段

从第二汽车制造厂（以下简称二汽）开始建设到20世纪80年代初，是我国汽车工业的成长阶段（1966—1980年）。二汽是完全靠中国人自己的力量建设的大型汽车制造厂。通过自主建设，我国形成了以“载货汽车为主”的汽车产业布局。

（1）二汽的建立

1966年10月10日，二汽筹备处在北京召开会议，确认二汽厂址位于湖北省十堰市。

1967年4月1日，二汽正式破土动工并举行开工典礼。二汽的建设自筹备之初就确定了“聚宝”“包建”的方针。二汽是在特定的历史条件和艰苦的自然环境中建设的。它依靠全国人民的支持，各路建设大军在“为民族汽车工业打翻身仗”的宏伟目标指引下，脚踏荒野，风餐露宿，夜以继日，艰苦创业，加速建设。

1975年7月1日，二汽基本建成东风EQ240型2.5t越野汽车的生产基地并投产。1978年7月，二汽东风EQ140型5t载货汽车（图1-39）生产基地基本建成，并开始投入批量生产。

图1–39　东风EQ140型5t载货汽车

（2）四川汽车制造厂和陕西汽车制造厂的建立

1966年3月11日，四川汽车制造厂举行开工典礼，厂址选定在四川省大足县（现隶属重庆市）。1966年6月，四川汽车制造厂红岩CQ260型越野汽车在綦江齿轮厂试制成功，后改型为红岩CQ261型越野汽车。1971年7月，四川汽车制造厂批量投产红岩CQ261型越野汽车（图1-40）。

陕西汽车制造厂厂址选定在陕西省岐山县。1974年12月27日，陕西汽车制造厂生产的延安SX250型越野汽车鉴定定型。1978年3月14日，陕西汽车制造厂和陕西齿轮厂建成，正式投产延安SX250型越野汽车（图1-41）。

图1-40 红岩CQ261型越野汽车

图1-41 延安SX250型越野汽车

（3）开发生产矿用自卸汽车和重型载货汽车

1969年以后，上海、长春、本溪等地开始进行矿用自卸汽车的试制、生产，安徽、南阳、丹东等地开始生产重型载货汽车。1969年7月，上海汽车制造厂的上海SH380型32t矿用自卸汽车（图1-42）和上海SH361型15t矿用自卸车试制成功。1971年，一汽成功试制60t矿用自卸汽车。

（4）地方积极建设汽车制造厂

有了一汽、二汽的经验，全国各地开始积极发展汽车工业，出现了遍地开花的现象。上海、四川、陕西、安徽等地相继建成整车制造厂、零部件厂，生产轻型载货汽车、轻型客车、改装车和专用汽车。20世纪70年代末期，我国汽车年产量为22万辆，汽车制造厂为56家，汽车工业总产值为88.4亿元。

图1-42 上海SH380型32t矿用自卸车

1.3.3 全面发展阶段

改革开放以后，我国汽车工业全面发展（1981—2010年），并逐渐成为世界汽车产销量第一大国。在此阶段，汽车工业成为国民经济的支柱产业；在汽车产量不断提高的同时，我国加快进行产品结构调整，引进先进技术和资本，轿车工业得以迅猛发展，由此拉开了汽车进入家庭的序幕。

（1）产品结构调整加快

1984年，我国把汽车工业作为发展国民经济的支柱产业。1987年，我国针对汽车工业“缺重少轻，轿车几乎空白”的不利局面，把轿车工业作为我国汽车工业发展的重点。从20世纪80年代中期开始，我国确定建立“三大”（上海、一汽、二汽）、“三小”（天津、北京、广州）轿车生产基地，并正式将轿车项目列为国家重点支持项目，我国汽车工业开始了战略转移。

（2）加速融入全球化大潮

1984年初，中美合资的北京吉普汽车有限公司成立，这开创了我国合资生产整车的先河。上海大众、一汽大众、神龙公司、上海通用等多家大型中外合资轿车企业迅速崛起，并成为中国轿车工业的主力军。2001年，随着中国加入世界贸易组织，联合重组的浪潮再次席卷了中国，中国汽车企业开始加速融入全球化大潮。众多的国内汽车企业开始寻求与世界汽车企业的战略联合，新的合资企业也随之纷纷诞生。

（3）汽车产销量高速增长

随着我国汽车工业的不断发展，汽车生产集中度明显提高，汽车年产量高速增长。在2009年，中国汽车产销量分别为1 379.10万辆和1 364.48万辆，首次超越美国，跃居全球第一，这一成绩一直保持至今。到2010年，我国汽车工业已成为国民经济的支柱产业，形成了以大集团为主的规模化、集约化的产业新格局。在此期间，汽车产品结构进一步优化，形成以3个大型企业集团（一汽、东风、上海）为龙头和以13个重点企业集团（公司）为主力军的汽车工业新格局，全国汽车产销量以平均每年15%的速度增长，是世界平均速度的10倍。

1.3.4　自主崛起阶段

此阶段是“量变到质变”的过程（2011年至今），我国汽车产销量大，自主汽车品牌很多，但规模不一。随着新能源汽车的快速发展、共享汽车等新的出行方式的出现和自动驾驶等智能汽车的推广应用，越来越多的消费者开始接受自主品牌汽车。

（1）研发水平不断提高

自主品牌崛起的标志是以吉利、长城、比亚迪、上汽、广汽等为代表的中国自主品牌整车研发实力快速提升。这些自主品牌企业建立了自主的研发体系和国际化研发队伍，抓住了新能源汽车和SUV市场的高速增长机遇，自主品牌集体向上，产品竞争力快速提升，市场占有率、品牌影响力等也明显提升。

（2）新能源汽车开始普及

在2015年左右，中国开始大力推广新能源汽车，成为全球汽车工业向新能源转型的主要推进方之一。这一次，中国品牌正在引领着这股电动化、智能化的潮流。从新能源汽车的渗透率（渗透率是指在一定时期内，新能源汽车销量占汽车总销量的比值）来看，自2015年以后，中国始终保持相比于全球约2倍的速度持续提高新能源汽车的渗透率，2022年，中国新能源汽车渗透率已高达25.6%，而全球平均水平约为14%，根据中国汽车技术研究中心预测，2030年，中国新能源汽车渗透率将达50%，如图1-43所示。

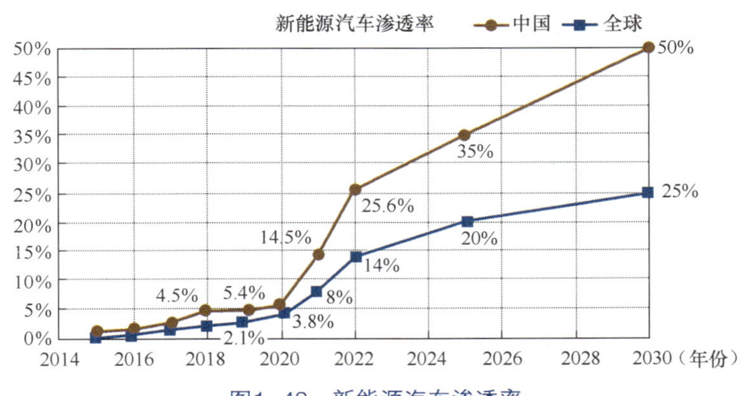

图1-43　新能源汽车渗透率

（3）从数量增长转变为质量增长

中国汽车工业经历了长期的高速增长，产销量已经连续14年蝉联世界第一，但增长速度已经变缓，进入了微增长时代，转而在质量和技术上进入高速增长阶段。我国汽车工业开始进入电动化、智能化、网联化和共享化（简称“四化”）的产业大变革期，各类跨界新造车势力纷纷加入汽车工业“四化”的进程中，并成为国际汽车工业发展的风向标。

实践体验

如何理解汽车工业的龙头作用

请同学们分成若干学习小组，组内分工明确，运用所学知识，查阅相关资料，并观察身边案例，举例说明汽车工业与其他产业的关系，产生了什么样的影响，汽车工业如何起到对一个国家的工业乃至国民经济的拉动作用。请将收集到的信息填写在表1-4中。

表1-4 汽车工业与其他产业的关系

有关产业	主要影响	未来趋势
钢铁产业		

思考与练习

一、选择题

1. ______轿车是我国第一辆国产轿车。

A. 东风　B. 红旗　C. 凤凰　D. 解放

2. 一汽坐落于______。

A. 吉林省　B. 辽宁省　C. 湖北省　D. 湖南省

3. 中国汽车工业的先驱一汽于______年7月举行奠基仪式。

A. 1951　B. 1952　C. 1953　D. 1954

4. 1956年7月，我国国产的第一辆______汽车成功下线，这标志着中国不能制造汽车的历史从此结束。

A. 东风　　B. 跃进　　C. 解放　　D. 红旗

5. 我国第一个中外合资的汽车企业是______。

A. 东风雪铁龙　　B. 长安福特　　C. 一汽大众　　D. 北京吉普

二、简答题

1. 简述中国汽车工业的发展历程及现状。

2. 改革开放后，我国汽车工业进入全面和快速发展阶段，这一阶段的发展特点是什么？

3. 1966年，我国汽车工业已形成5个汽车生产基地，各基地生产的车型有哪些？

项目 2
现代汽车技术

现代汽车技术主要以电子控制为基础，目前正向着安全、环保、节能、轻松舒适、防盗、智能的方向发展，尤其以轿车最为突出。其中有些技术已经普及，成为汽车的标准配置；有些只应用在少数汽车上，处于试验发展阶段。各大汽车厂商之间的科技竞赛从没有停止过，它们纷纷投入资金、人才，以期望在汽车行业取得绝对的技术优势。近年来，随着汽车“四化”和5G技术的不断深入，汽车行业的新科技也变得越来越多。本项目将在介绍汽车基础知识的同时，带领大家学习一下现代汽车技术。

任务2.1 汽车基础知识

学习目标

知识目标	能力目标	素养目标
• 理解汽车定义和分类； • 了解汽车总体构造； • 掌握汽车基本原理； • 了解汽车的基本参数与性能指标。	• 能区分汽车的类型； • 能识别汽车的主要结构； • 能分析汽车的运动规律； • 能衡量汽车性能的优劣。	• 培养自主学习能力； • 培养沟通与协调能力； • 培养计划与决策能力； • 培养汽车鉴赏能力。

相关知识

汽车自诞生以来，已经经过了100多年的发展。现代汽车已经发生了巨大的变化，汽车功能越来越强大，结构越来越复杂，其构成零件成千上万，但其基本构造和原理并没有发生太大改变。汽车的基本结构包括4个部分：动力装置、底盘、电气设备和车身。其原理仍是发动机工作产生能量，能量通过传动系统带动车轮转动，进而带动整车运动。

2.1.1 汽车定义与分类

1. 汽车定义

汽车的英文Automobile的原意为“自动车”，因为汽车能自己行走，所以人们用希腊语中的Auto（自己）和拉丁语中的Mobile（会动的）构成复合词来解释这种机器，这就是“Automobile”一词的由来。

在我国，汽车是指由动力驱动、具有4个或4个以上车轮的非轨道承载的车辆，包括与电力线相连的车辆（如无轨电车），主要用于：载运人员和/或货物（物品）；牵引载运人员和/或货物（物品）的车辆或特殊用途的车辆；专项作业或专门用途。

2. 汽车分类

汽车的分类方式有很多，根据《汽车、挂车及汽车列车的术语和定义 第1部分：类型》（GB/T 3730.1—2022），按用途将汽车分为乘用车、客车、载货汽车和专用汽车四大类。

汽车的定义与类型

（1）乘用车

乘用车指在设计、制造和技术特性上主要用于载运乘客及其随身行李/临时物品，包括驾驶员座位在内最多不超过9个座位的汽车。乘用车包括轿车、多用途乘用车、越野乘用车等多种类型。

① 轿车。轿车级别划分以车长为主要判定依据，参考排量和发动机最大净功率，具体见表2-1。

表2-1 轿车的类型

代号	级别	车长L/mm	排量V/mL	发动机最大净功率P/kW
A00	微型	$L≤4000$	$V≤1300$	$P≤65$
A0	小型	$3700≤L≤4400$	$1100≤V≤1700$	$60≤P≤80$
A	紧凑型	$4200≤L≤4800$	$1300≤V≤1800$	$70≤P≤120$
B	中型	$4500≤L≤5000$	$1500≤V≤2800$	$90≤P≤150$
C	中大型	$4750≤L≤5200$	$2000≤V≤3500$	$100≤P≤175$
D	大型	$L≥5000$	$V≥3000$	$P≥150$
注：1. 排量和功率仅适用于仅以发动机为直接动力源的轿车； 2. 装备增压发动机的轿车以实际排量乘以1.5计算； 3. 同时符合多个级别的车型，由制造厂自主决定。				

② 多用途乘用车（图2-1）。多用途乘用车（Multi-Purpose Vehicles，MPV）是从旅行轿车演变而来的，它集旅行车的宽大乘员空间、轿车的舒适性和厢式货车的功能于一身，一般为两厢式结构，可以坐7～8人。

③ 越野乘用车（图2-2）。越野乘用车一般是四轮驱动，有较高的底盘和抓地性较好的轮胎，可以适应野外的各种路面状况。

（a）外观

（b）内饰

图2-1 多用途乘用车

图2-2 越野乘用车

（2）客车

客车的座位数（包括驾驶员座位）超过9个。客车主要用于载运乘客及其随身行李，主要包括轻型客车、公路客车、旅游客车、城市客车、专用客车、双层客车等类型，如表2-2所示。

表2-2 客车的主要类型

类型	定义	示例
轻型客车	包含驾驶员座位在内的座位数不超过19个，未设置乘客站立区，车长不超过7 m的客车	

续表

类型	定义	示例
公路客车	专门为运输长途旅客设计和制造、未设置乘客站立区的客车	
旅游客车	为旅游设计和制造、未设置乘客站立区、专门用于载运游客的客车	
城市客车	设有座椅及乘客站立区，并有足够的空间供频繁停站时乘客上下车走动，有固定的公交营运线路和车站，主要在城市建成区运营的客车	
专用客车	设计、制造和技术特性上用于载运特定人员并完成特定功能的客车（如专用校车）以及装备有专用设备或器具，座位数（包括驾驶员座位）超过9个的专用汽车	
双层客车	车厢分为上下两层的客车	

（3）载货汽车

载货汽车指在设计、制造和技术特性上主要用于载运货物/牵引挂车的汽车，也包括装备一定的专用设备或器具但以载运货物为主要目的，且不属于专项作用车、专门用途汽车的汽车。载货汽车的主要类型包括普通货车、封闭式货车、多用途货车、厢式货车、半挂牵引车和专用货车等，如表2-3所示。

表2-3　载货汽车的主要类型

类型	定义	示例
普通货车	在敞开或封闭载货空间内载运货物的载货汽车	
封闭式货车	载货部位的结构为封闭厢体且与驾驶室联成一体，车身结构为一厢式或两厢式的载货汽车	
多用途货车	也称为皮卡车，具有长头车身和驾驶室结构、敞开式货箱（可加装货箱顶盖），乘坐人数不大于5人（含驾驶员）、最大设计总质量不大于3 500 kg的汽车	
厢式货车	载货部位的结构为厢体且与驾驶室各自独立、厢体顶部（翼开式车辆除外）为封闭、不可开启的载货汽车	

续表

类型	定义	示例
半挂牵引车	装备有特殊装置、用于牵引半挂车的汽车	
专用货车	在设计、制造和技术特性上用于运输特殊货物或载货部位具有特殊结构的载货汽车	

（4）专用汽车

专用汽车指用于载运特定人员，运输特殊货物（包括载货部位为特殊结构），或装备有专用装置用于工程专项（包括医疗卫生）作业或专门用途的汽车。专用汽车的主要类型包含专用乘用车、专用客车、专用货车、专项作业车、专门用途汽车等。

3. 车辆识别代号

车辆识别代号

车辆识别代号（Vehicle Identification Number，VIN），也称17位编码，是国际上通用的标识机动车辆的代码，是制造厂给每一辆车指定的一组字码，一车一码，保证在30年内不会重复，具有在世界范围内对一辆车的唯一识别性。

VIN各个部分组成（图2-3和表2-4）：第一部分是世界制造商识别代号（World Manufacturer Identifier，WMI），第二部分是车辆说明部分（Vehicle Descriptor Section，VDS），第三部分是车辆指示部分（Vehicle Indicator Section，VIS）。

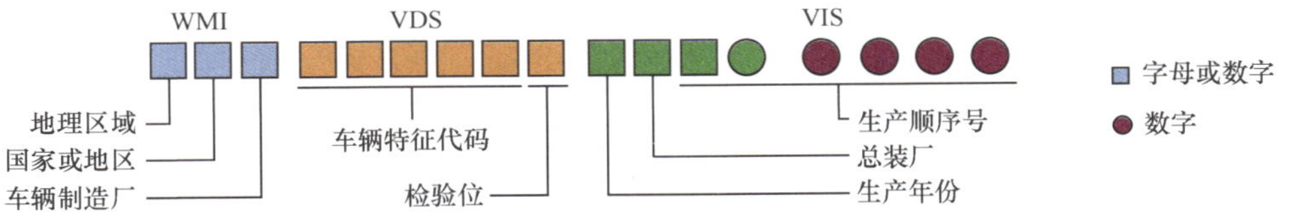

图2-3　VIN的示意图

表2-4　凯越轿车车辆识别代号

位置	定义	字符	说明
1～3	制造商	LSG	上汽通用汽车有限公司
4、5	车系和系列	JS	LE（1.6L发动机）
		JV	LS AT（1.8L发动机）
6	车身款式	5	4门轿车
7	保护装置系统	2	启动（手动）安全带及驾驶员和乘客座辅助充气式保护装置
8	发动机类型	P	T18SED型1.8L直列四缸多点燃油喷射发动机
		U	F16D3型1.6L直列四缸多点燃油喷射发动机
9	检验位	—	检查数字
10	生产年份	4	2004
11	总装厂	S	上海浦东生产基地
12～17	生产顺序号	—	

我国于1997年颁布了有关车辆识别代号的国家标准，开始要求每一辆出厂的汽车上必须标有VIN。VIN固定在易于被看到且能防止磨损或被替换的位置，如前排乘员座椅下方、仪表板与风窗玻璃的交界处（图2-4）、前门立柱上或发动机前横梁上等。

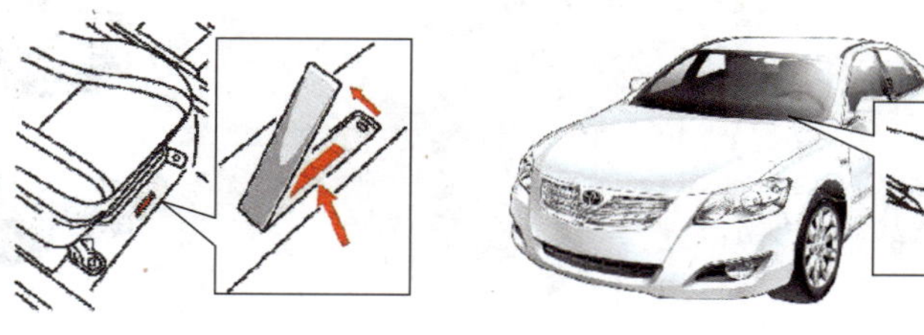

（a）前排乘员座椅下方　　（b）仪表板与风窗玻璃的交界处

图2-4　VIN的位置

2.1.2　汽车总体构造

汽车总体构造

一般汽车由1万个以上独立的零部件组装而成，这些零部件可划分为动力装置、底盘、电气设备和车身4个部分。

1. 动力装置

动力装置是汽车的动力源，目前汽油机和柴油机仍然是汽车主要的动力装置。这两种发动机普遍采用往复活塞式内燃机，一般由曲柄连杆机构、配气机构、燃料供给系统、润滑系统、冷却系统、起动系统和点火系统（点火系统为汽油机采用）等组成。发动机舱内零部件的布置如图2-5所示。

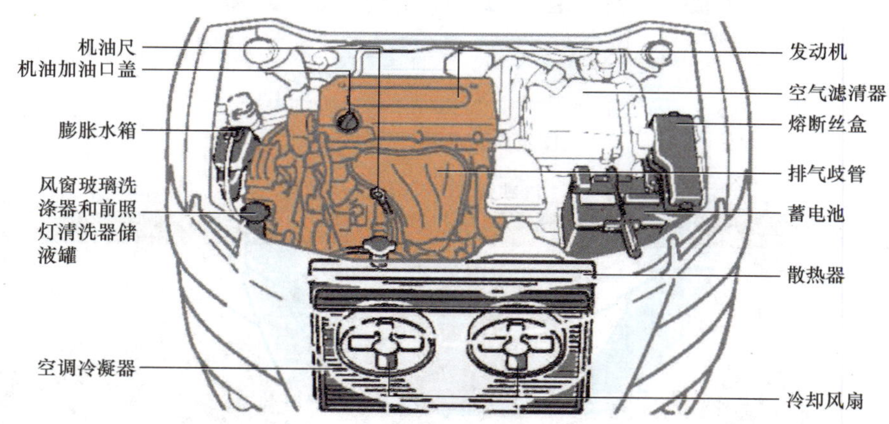

图2-5　发动机舱内零部件的布置

2. 底盘

底盘用于接受动力装置的动力，使汽车产生运动，并保证汽车按照驾驶员的操纵正常行驶。底盘由传动系统、行驶系统、转向系统和制动系统组成。前置后驱轿车的底盘结构如图2-6所示。

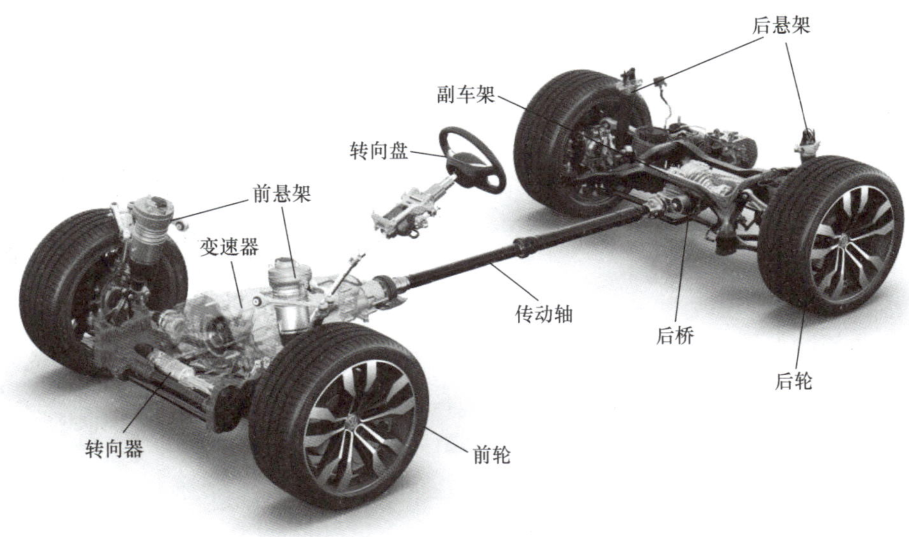

图2-6 前置后驱轿车的底盘结构

3. 电气设备

电气设备用于为发动机及汽车上各种电器提供电能，以保障汽车的正常行驶以及实现各种辅助功能。电气设备可以分为发动机电气设备和车身电气设备两大部分（图2-7）。发动机电气设备包括蓄电池、起动系统、充电系统和点火系统（点火系统为汽油机采用）；车身电气设备包括照明与信号系统、组合仪表、刮水器与洗涤器、空调系统，以及电动车窗、电动后视镜、电动座椅、中央控制门锁和防盗装置、音响等。现代汽车的电子化、智能化程度越来越高，基本实现了整车集中电子控制及智能驾驶辅助功能。

汽车电气设备概述

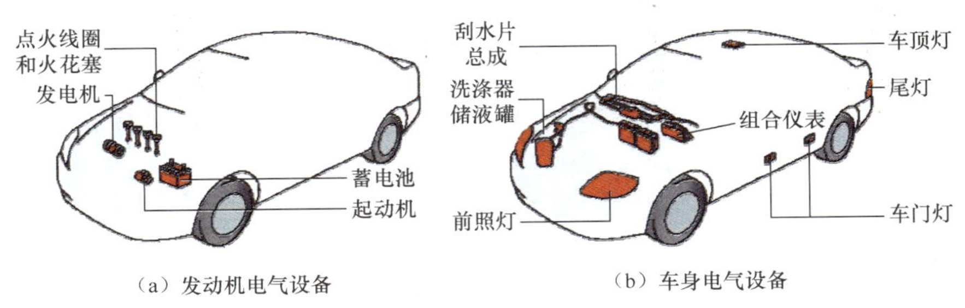

（a）发动机电气设备 （b）车身电气设备

图2-7 电气设备

4. 车身

车身是驾驶员工作的场所，也是载运乘客和货物的部件，车身框架如图2-8所示。汽车车身的作用主要是保护驾驶员以及构成良好的空气动力学环境。好的车身不仅能带来更佳的性能，也能体现出车主的个性。汽车车身结构从形式上说，主要分为非承载式和承载式两种。

2.1.3 汽车基本原理

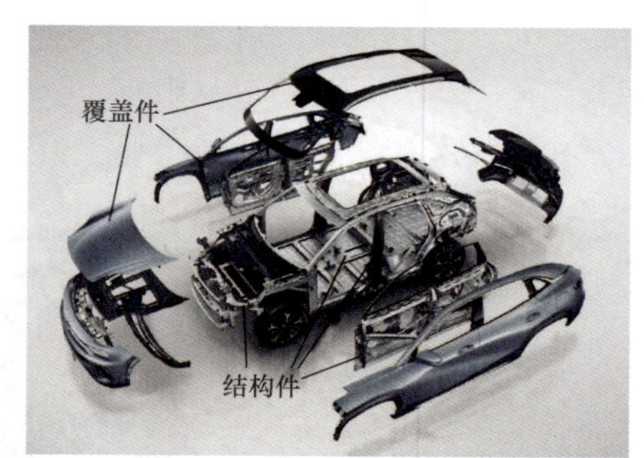

图2-8 车身框架

汽车结构虽然非常复杂，但其基本工作原理却比较简单。汽车正常运行主要包括行驶、制动和转向3种状态。

1. 行驶状态

汽车行驶需要有一定的动力来驱动车轮旋转，常用的动力装置就是发动机。发动机气缸内的燃料与空气混合，混合气燃烧后体积急剧膨胀，产生推动活塞往复运动的动力。不论是汽油机还是柴油机，活塞上下运动的原理包括4个冲程（图2-9），即进气冲程、压缩冲程、做功冲程和排气冲程。气缸内的混合气燃烧后体积瞬间膨胀，于是活塞被推动；燃烧过后，废气从气缸排出，与此同时活塞又回到原来的位置；然后新进来的混合气又燃烧、膨胀，再次推动活塞移动。这种过程反复进行，使活塞往复运动，并通过连杆带动曲轴旋转，所产生的动力再通过传动装置带动车轮旋转，最终驱动汽车行驶。

内燃机工作原理

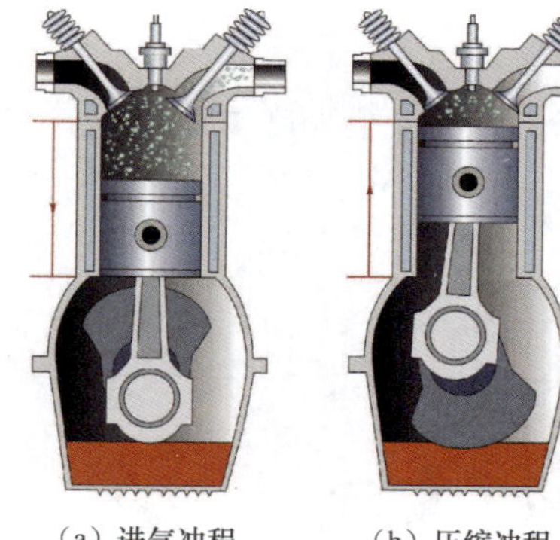
（a）进气冲程　（b）压缩冲程

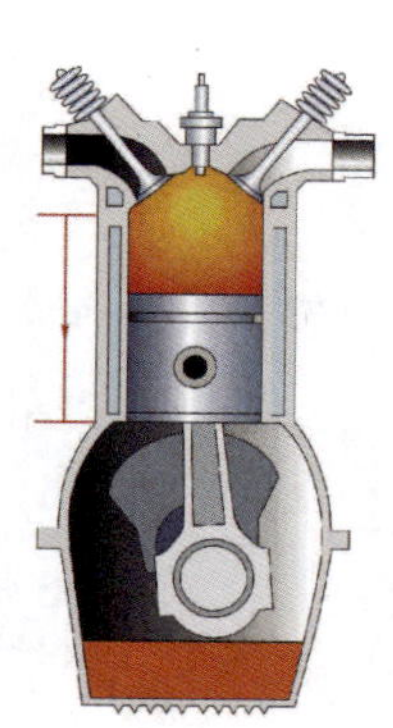
（c）做功冲程

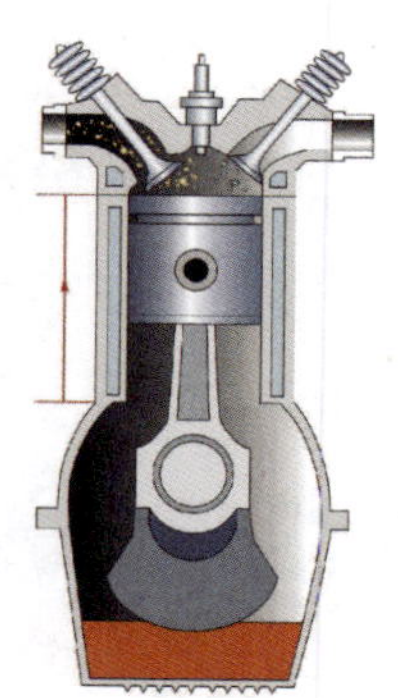
（d）排气冲程

图2-9 四冲程发动机的工作循环

发动机产生的动力通过离合器、变速器、传动轴和差速器传给车轮，驱动汽车行驶，如图2-10所示。汽车起步时，车轮转速要低、转矩要大；高速行驶时，车轮转速要高、转矩要小。虽然驾驶员可以通过踩下加速踏板（俗称油门踏板）来调节发动机转速，但这种调节非常有限，需要变速器来大范围地改变转速。在转弯时，差速器可以使左右车轮以不同的转速旋转，最终将动力传递到车轮。这种通过旋转运动使汽车行驶的动力，就称为驱动力。

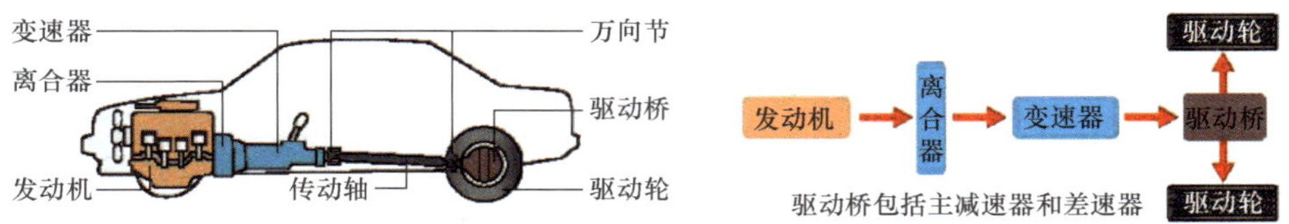

图2-10　发动机的传动过程

车轮旋转、汽车行驶，其实在这一过程中轮胎与路面之间的摩擦力起到了关键作用。轮胎旋转时与路面产生摩擦力，其反作用力作为驱动力推动汽车行驶，如图2-11所示。在摩擦力很小（小至可以忽略）的冰面上，不管旋转的力矩多大，轮胎只能在冰面上打滑，汽车无法行驶。正是因为有了摩擦力，轮胎的旋转运动才能转变为汽车的直线或曲线运动。

2. 制动状态

汽车正常行驶时，会受到空气的阻力和地面的阻力，这些阻力会削弱汽车的动能使其停下来。但这些阻力不会按照驾驶员的意图使汽车减速或停止，所以必须要有一种装置，能够消耗汽车动能使其迅速停下来，这种装置就是制动器。

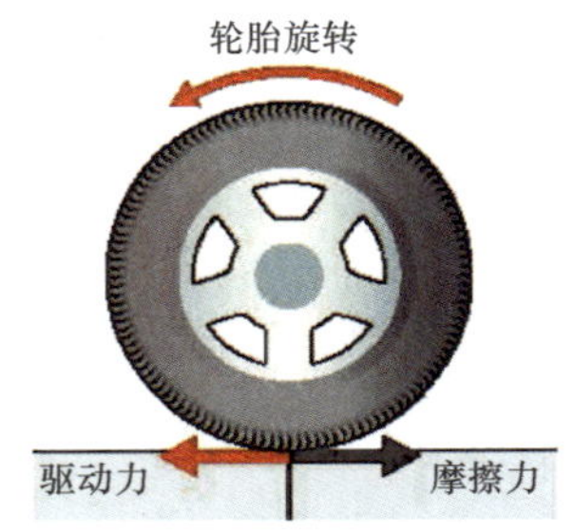

图2-11　驱动力的产生

汽车上各类制动器的工作原理都是一样的，即利用与车身（或车架）相连的非旋转元件和与车轮（或传动轴）相连的旋转元件之间的相互摩擦来阻止车轮的转动或转动的趋势。从两侧挤压随车轮一起旋转的制动盘的结构称为盘式制动器［图2-12（a）］。还有一种是挤压随车轮一起旋转的制动鼓，这种结构就是鼓式制动器［图2-12（b）］。

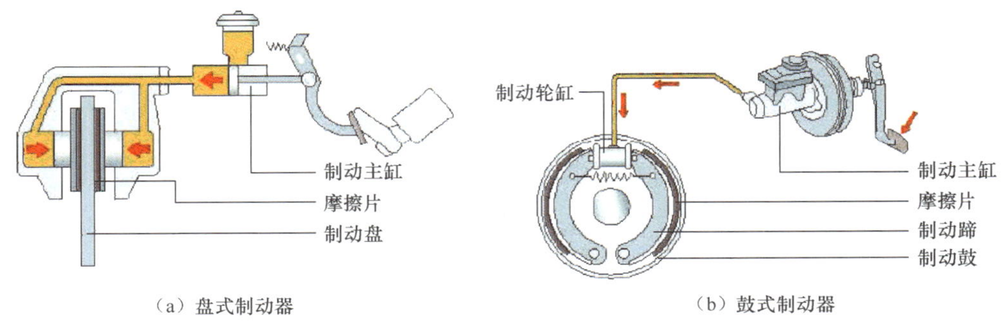

图2-12　两种常见的制动器

汽车制动时产生大量的热能，会引起制动器温度升高，随着温度的升高，摩擦力会急速减小，即制动失效。连续紧急制动后制动器会失灵就是这个原因。为了尽量避免制动失效，散热性能更好的盘式制动器已经成为目前汽车的主流配置。

3. 转向状态

为了选择路径、躲避障碍物，转向功能是必不可少的。汽车转向是通过改变前轮角度来完成的，驾驶员转动转向盘后，动力通过转向轴、转向器传至转向横拉杆，转向横拉杆向左或向右移动，转向节同时带动前轮偏转，汽车整体的行驶方向就会随着前轮偏转而改变，如图2-13所示。

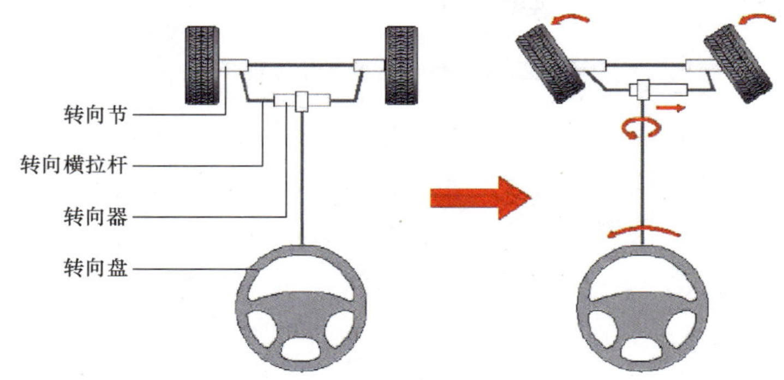

图2-13　转向器的工作原理

汽车转向状态有3种特性，即中性转向、不足转向和过度转向。中性转向是理想的转向特性，即汽车按照驾驶员给定的角度进行转向，不发生偏移。但是中性转向很难实现，实际转向过程中多为不足转向和过度转向（图2-14）。不足转向可以理解为向理想转向弧的外侧偏移，而过度转向则是向理想转向弧的内侧偏移。在实际转向过程中，如果出现了不足转向，驾驶员可以通过继续转动转向盘进行修正；而出现过度转向时，驾驶员就很难通过转动转向盘来恢复正常行驶，特别是在高速行驶时，汽车易失去稳定，十分危险。

图2-14　汽车转向状态

2.1.4　汽车基本参数

1. 汽车外观参数

汽车的外观参数主要有以下几个（图2-15）。

车长（mm）：垂直于汽车纵向对称平面并分别抵靠在汽车前、后最外端突出部位的两垂直平面之间的距离。

车宽（mm）：平行于汽车纵向对称平面并分别抵靠在汽车两侧最外端固定突出部位（不含后视镜、转向灯等）的两垂直平面之间的距离。

车高（mm）：汽车最高点与汽车支撑平面之间的距离。

轴距（mm）：汽车前、后轴中心线的水平距离。

轮距（mm）：在支撑平面上，同轴左、右两个车轮轨迹中心间的距离。

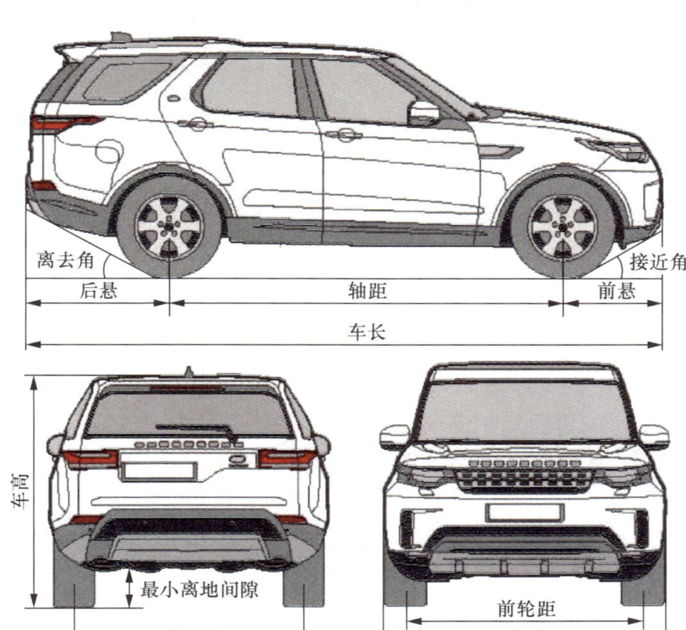

图2–15　汽车外观参数

前悬（mm）：在直线行驶时，汽车前端刚性固定件的最前点到通过前轮轴线的垂直平面的距离。

后悬（mm）：汽车后端刚性固定件的最后点到通过后轮轴线的垂直平面的距离。

最小离地间隙（mm）：满载时，汽车支撑平面与汽车最低点之间的距离。

接近角（°）：汽车前端突出点向前轮引的切线与地面的夹角。

离去角（°）：汽车后端突出点向后轮引的切线与地面的夹角。

2. 汽车质量与行驶参数

整车整备质量（kg）：汽车完全装备好的质量（俗称自重），包括燃油、润滑油、随车工具、备胎等所有装备的质量。

最大总质量（kg）：汽车装备齐全，并按规定装满客（包括驾驶员）、货时的质量。

最大装载质量（kg）：最大总质量和整车整备质量之差。

最大轴载质量（kg）：汽车单轴所承载的最大总质量。

最高车速（km/h）：汽车在平坦道路上行驶时所能达到的最高速度。

最大爬坡度（%）：汽车满载时的最大爬坡能力。

平均燃油消耗量（L/100km）：汽车在道路上行驶时平均的燃油消耗量。

3. 汽车性能评价指标

① 动力性能。动力性能的主要参数有最高车速、加速时间以及汽车的爬坡度，最高车速的

数值越大、加速时间越短以及满载时的爬坡度越大，汽车的动力性能越好。

汽车的性能指标

② 燃油经济性，也就是油耗的大小。同类车型中，汽车的燃油经济性越好，油耗就越低。当然油耗的高低也跟用车环境、车主的用车习惯有很大的关系，但是汽车本身的燃油经济性占主导地位。

③ 制动性能是指汽车行驶时在短距离内停车且维持行驶方向稳定，以及汽车在下长坡时维持一定车速的能力。其中，制动距离、制动的效能恒定性、制动时间以及制动稳定性是主要的参数。制动距离越短、制动时间越短、车身偏移侧滑越不明显，制动性能越好。

④ 操控稳定性、行驶平顺性。操控稳定性主要靠绕圆周加速行驶的转向性来表示，操控稳定性好的车辆，转弯半径不变。行驶平顺性则是靠驾乘人员的乘坐舒适感来体现的。

⑤ 通过性能是指汽车通过一定路况的能力。通过性能强的汽车，可以轻松翻越坡度较大的坡道，可以放心地驶过一定深度的河流，也可以高速地行驶在崎岖不平的山路上，有时候我们也可以将汽车的通过性能简单地理解成汽车的越野性能。衡量汽车的通过性能的主要参数包括接近角、离去角、最小离地间隙和转弯半径等。

实践体验

读懂汽车配置表

在日常生活中，不少人拿到一大张配置表就晕头转向，看得似懂非懂。有人在买车时，直接对比几辆车的配置表，认为哪个参数好、配置高就买哪个，而不知道这些参数背后的含义是什么。请同学们以某一款中型汽车为例，给大家讲解一下汽车配置表该怎么看。将举例车辆的主要配置信息填在表2-5中。

表2-5　汽车配置简表

配置	信息	配置	信息
品牌			
车款信息			
厂商指导价			
轴距/mm			
整车最大功率/kW			
排量/L			

思考与练习

一、选择题

1.车辆识别代号保证在______年内不会重复，具有在世界范围内对一辆车的唯一识别性。

A. 30 B. 20 C. 10 D. 40

2. 乘用车包括驾驶员座位在内最多不超过_____个座位。

A. 7 B. 8 C. 9 D. 10

3. 汽车广泛采用的汽油机、柴油机属于_____内燃机。

A. 旋转活塞式 B. 往复活塞式 C. 往复气缸式 D. 蒸汽式

4. 汽车装备齐全，并按规定装满客（包括驾驶员）、货时的质量称为______。

A. 整车整备质量 B. 最大总质量 C. 最大装载质量 D. 最大轴载质量

5. 下列关于汽车的表述错误的是______。

A. 汽车一定具有4个或4个以上的车轮

B. 空调属于汽车的电气设备

C. 汽车按用途可分为乘用车、商用车和越野车三大类

D. 汽车通常包含动力装置、底盘、电气设备、车身4个部分

二、简答题

1.《汽车、挂车及汽车列车的术语和定义 第1部分：类型》（GB/T 3730.1—2022）将汽车分为哪几大类？各大类包括哪些具体类型？

2. 汽车由哪几部分组成？简述发动机的工作原理。

3. 汽车的外观参数主要有哪些？

任务2.2 汽车新技术

学习目标

知识目标	能力目标	素养目标
• 知道主流的汽车新技术； • 了解车载网络技术的类型和特点； • 了解自动驾驶技术的原理； • 了解新能源汽车的类型与特点。	• 能列举主流的汽车新技术； • 能总结车载网络技术的应用； • 能区分新能源汽车的类型； • 能分析自动驾驶技术的发展趋势。	• 培养自主学习能力； • 培养沟通与协调能力； • 培养计划与决策能力； • 培养汽车鉴赏能力。

相关知识

今天的汽车相比过去已经发生了翻天覆地的变化，而且这种变化并没有停止。现今的汽车已非简单的代步工具，而是成为集无线电科技、多媒体、计算机、全球定位系统等多种新技术于一身的结合体。自然环境和社会环境的不断变化，例如能源危机、环境问题、人口问题等，为汽车的发展带来了新的挑战和机遇。

2.2.1 汽车机械技术

1. 车身轻量化技术

所谓车身轻量化，就是在保证强度和安全性的前提下，尽可能降低汽车的整车整备质量，从而提升汽车的动力性能，减少燃料消耗，降低排放。研究表明，汽车的整车整备质量每减少100kg，油耗可降低0.3～0.6L/100km。此外，车身轻量化还可以节省材料，降低成本。目前，实现车身轻量化的主要方法是使用新型轻质环保材料（材料本身具有环保性和可回收性），如铝合金、镁合金、钛合金、工程塑料和复合材料、精细陶瓷等。

德国大众汽车公司于2002年推出的全新奥迪A8，通过使用性能更好的大型铝铸件和液压成形部件，车身零件数量从50个减至29个，车身框架完全闭合，如图2-16所示。这种结构不仅使车身的扭转刚度提高了60%，还使车身比同类车型的钢制车身质量减少了50%。

2. 发动机增压技术

发动机增压的主要作用是提高发动机的进气量，从而提高发动机的功率和扭矩，提升汽车的动力性能。实现发动机增压的方法有很多，最常见的方法是涡轮增压。涡轮增压的英文为“Turbo”，一般来说，如果我们在汽车尾部看到“T”，即表明该车采用的发动机是涡轮增压发动机。

在目前的技术条件下，涡轮增压器是唯一能使发动机在工作效率不变的情况下增加输出功率的机械装置。涡轮增压器实际上是一种空气压缩机，通过压缩空气来增加进气量，其工作原理如图2-17所示。它是利用发动机排出的废气惯性冲力来推动涡轮室内的涡轮的，涡轮又带动同轴的叶轮，叶轮压缩由空气滤清器管道送来的空气，使之增压进入气缸。当发动机转速增快时，废气排出速度与涡轮转速也同步增快，叶轮就能压缩更多空气进入气缸，空气的压力和密度增大，可以燃烧更多燃料，相应增加燃料量和适当调整发动机的转速，就可以增加发动机的输出功率了。为一台发动机装上涡轮增压器后，其最大功率与未装涡轮增压器的时候相比，可以增加40%甚至更高。这也就意味着同样一台发动机在经过增压之后，能够产生更大的功率。

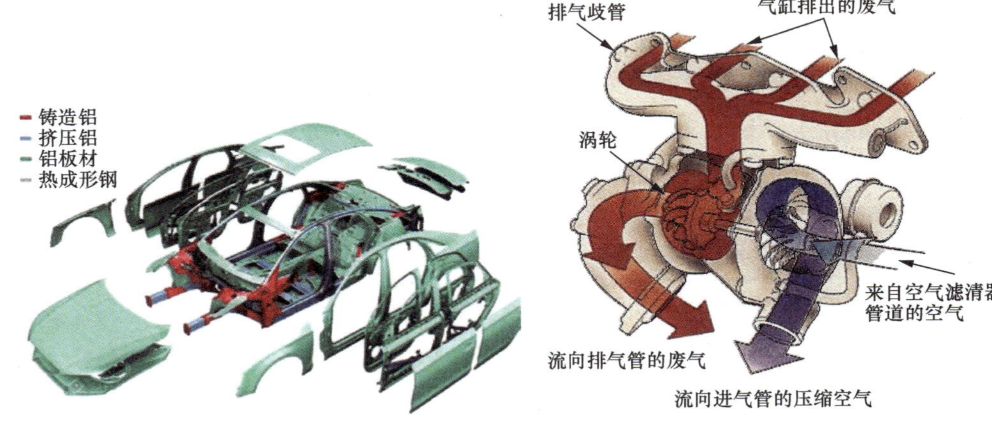

图2-16 奥迪A8的车身

图2-17 涡轮增压器的工作原理

3. 稀燃技术

稀燃就是发动机混合气中的燃油含量低，空气与燃油之比（即混合比）可达25∶1，但仍然能实现正常燃烧。目前，各大公司都拥有自己的稀燃技术，实现稀燃的关键技术归纳起来有以下3点。

（1）提高压缩比

在紧凑型燃烧室中，改变进气口位置，可使缸内形成较强的空气运动旋流。提高气流速度并将火花塞置于燃烧室中央，可以缩短点火距离；提高压缩比至13∶1左右，可促使燃烧速度加快。

（2）分层燃烧

缸内空气的运动可使火花塞周围形成易于点火的浓混合气，混合比达到12∶1左右，外层逐渐稀薄。浓混合气点燃后，通过由浓至稀的分层燃烧方式，迅速燃烧至外层。为了提升燃烧的稳定性，减少氮氧化物的排放量，现在采用燃油喷射定时与分段喷射技术，即将喷油分成两个阶段：进气初期喷油，燃油首先进入缸内下部，随后在缸内均匀分布；进气后期喷油，浓混合气在缸内上部聚集，在火花塞四周被点燃，实现分层燃烧（图2-18）。

（3）高能点火

高能点火和宽间隙火花塞有利于火核形成，火焰传播距离缩短，燃烧速度增快，稀燃极

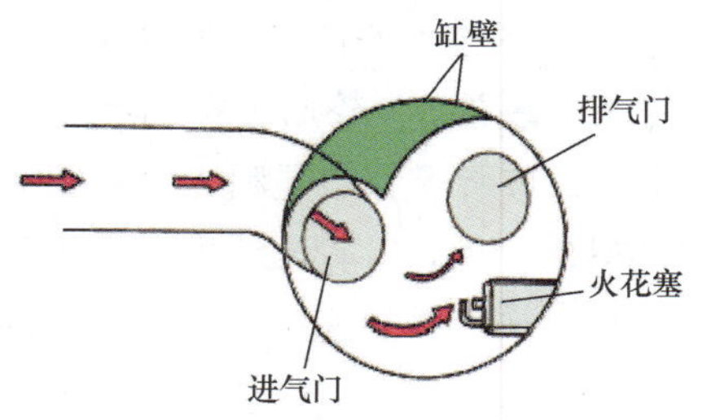

限大。有些稀燃发动机采用双火花塞或者多极火花塞装置来达到上述目的。

以上3点只是对整体汽油发动机稀燃技术而言的，具体到某种机型会有所偏重。因为各种汽油发动机稀燃技术的措施不完全一样，甚至同一部发动机在不同的工况下稀燃技术也不完全一样。

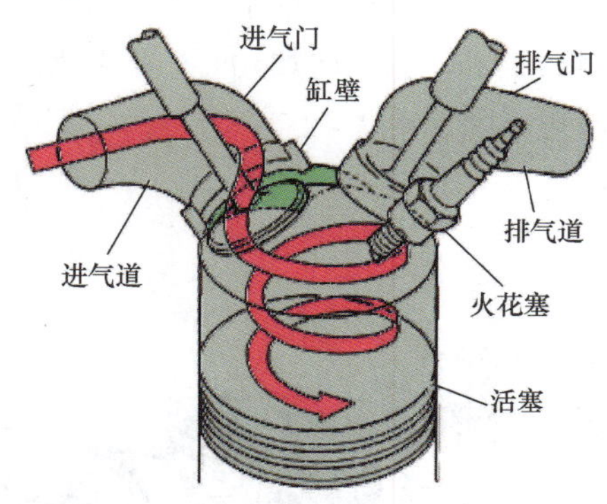

图2-18　分层燃烧示意图

4. 汽车底盘的线控技术

所谓汽车底盘的线控技术就是用电子信号的传送取代过去由机械、液压或气动系统连接的部分，如换挡连杆、节气门拉索、转向器传动机构、制动油路等。它不仅取代连接部分，而且包括操纵机构和操纵方式的变化，以及执行机构的电气化，这将改变汽车的传统结构。图2-19所示为线控过程示意图。全面线控的实现意味着汽车由机械系统到电子系统的转变。线控技术要求网络的实时性好、可靠性强，而且一些线控部分要求功能实现的冗余，以保证在发生一定的故障时仍可实现这个装置的基本功能。就像现在的ABS（Anti-lock Brake System，制动防抱死系统）和动力转向系统一样，在线路发生故障时仍具有制动和转向的基本功能。这就要求用线控的网络数据传输速度快、时间特性好和可靠性强。

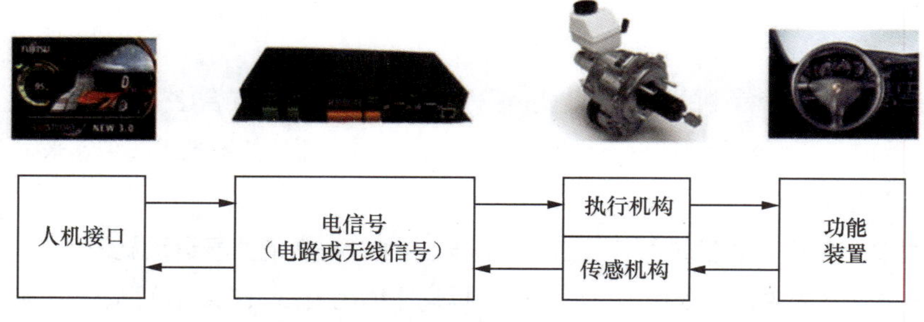

图2-19　线控过程示意图

目前汽车底盘的线控技术包括线控换挡系统、制动系统（如电液制动系统、电子机械制动系统）、悬架系统、增压系统、节气门系统和转向系统等，线控底盘的基本框架如图2-20所示。线控技术具有以下优点。

① 无须使用液压制动或其他任何液压装置，汽车更为环保。

② 减小了正面碰撞时的潜在危险性，并为汽车设计提供了更多空间。

③ 线控的灵活性使汽车在设计、工程制造和生产过程中的成本大大降低，且降低了维护要求并减轻了车身质量。

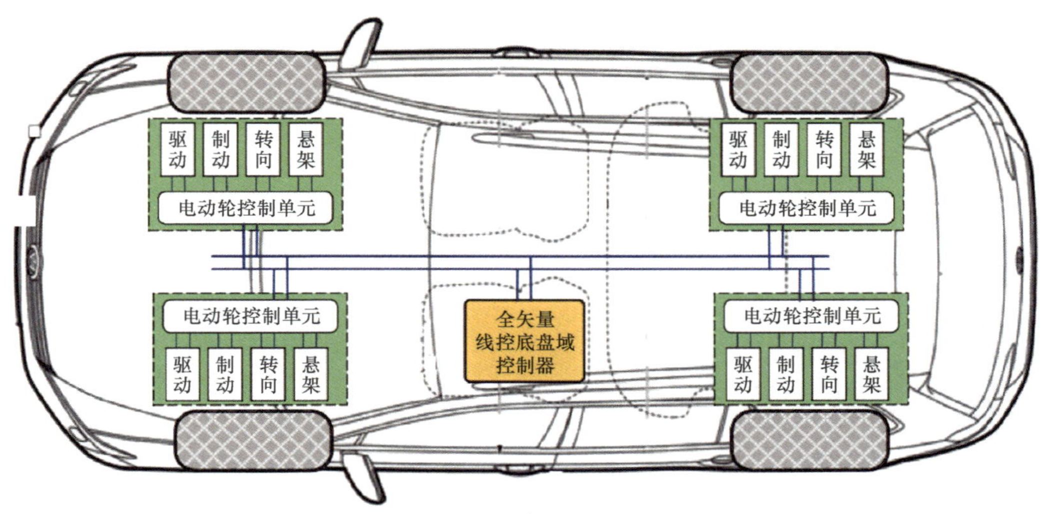

图2-20　线控底盘的基本框架

5. 车轮驱动技术

1982年，米其林公司首次提出将驱动系统放置在车轮上的概念。车轮驱动技术又称轮毂电机驱动技术，它的最大特点就是将动力、传动和制动装置都整合到轮毂内，因此电动车辆的机械部分被大大简化，如图2-21所示。

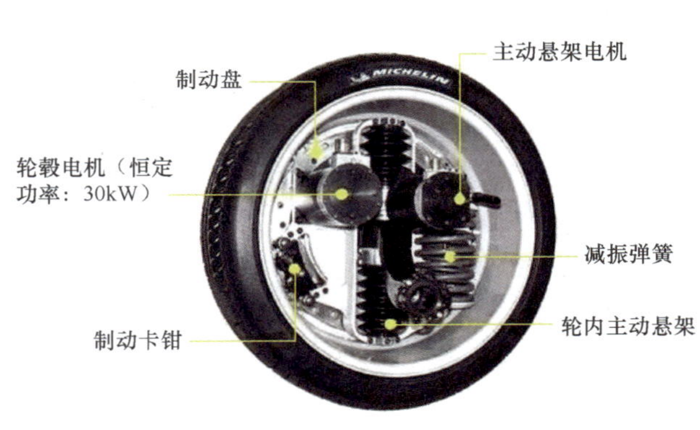

图2-21　车轮驱动技术

车轮驱动技术是一个非常柔性化的系统，可作为两轮驱动或四轮驱动的燃料电池动力车、电动汽车、串联和并联混合动力汽车（公共汽车、轻型载货汽车、观光车和重型载货汽车等）的辅助动力源。它带有自载电器，不管扭矩大小，都能瞬时分配到各车轮。由于操控力是分配到各个车轮的，而且各车轮直接驱动，因此车轮在加速和制动过程中能完全独立控制。其结果是驾驶员可以对正常驱动、减速、防抱死制动和完全滑行等各种状态进行很好的控制。

2.2.2　车载网络技术

1. 车载网络技术的特点

随着电子技术水平的提高，汽车各类系统中普遍采用电子控制单元（Electronic Control Unit，ECU）、传感器和执行器的控制模式。如果汽车仍然采用传统布线方式（一对一连接），不仅线束的数量急剧增加，而且电器连接的故障率也将大幅增高。因此，车载网络技术作为一种新型的信息传输技术，在汽车上开始广泛应用。汽车通信方式的比较如图2-22所示。传统通信方式至少需要5条数据传输线进行数据传递，即每项信息都需要一个独立的数据传输线。而采用车载网络通信方式只需要两条数据传输线就可以进行数据交换。

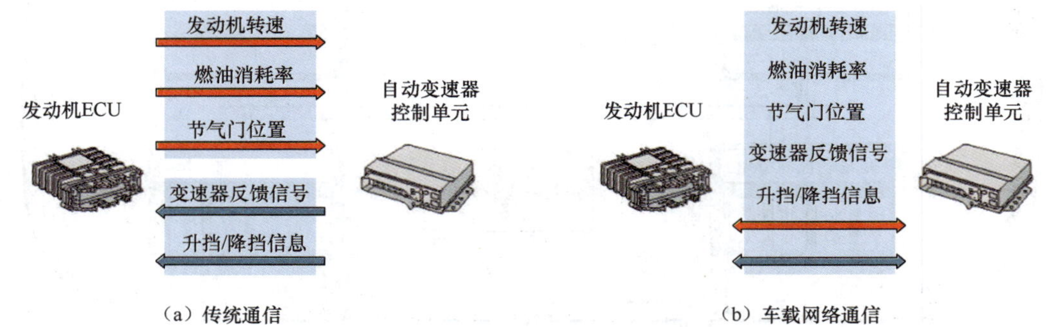

图2-22　汽车通信方式的比较

在汽车上采用网络技术，具有以下优点。

① 减轻汽车自重。在汽车上采用网络技术可大幅度减少线束数量，可以使整车自重有效降低。线束数量减少后，还可以腾出一定的空间。

② 降低生产成本。由于网络技术可以使信息共享，除了线束数量减少外，传感器、执行器及开关的数量也能减少。

③ 提升工作可靠性。线束减少的同时，插接器的数量相应减少，线路故障的发生率也会大幅度降低，整车电气系统的工作可靠性得以提升。另外，各个ECU可以对所连接的线路进行实时监测，使故障率降到最低。

2. 车载网络的类型

目前，汽车上广泛应用的网络有CAN（Controller Area Network，控制器局域网）、LIN（局域互联网络）、MOST（Media Oriented System Transport，多媒体定向系统传输）和FlexRay（车上网络协议标准）等，见表2-6。车载网络信息传输主要基于数据总线的原理，数据总线是指能够在一条传输线上同时（或分时）传输大量按照一定规律编码的数据的技术，而且所传输的数据可以被多个系统共享，数据总线能最大限度地提高数据的传输效率。

表2-6　车载网络比较

名称	通信速率	用途
CAN	25kbit/s~1Mbit/s	汽车上采用最多，用于整车各种网络
LIN	20kbit/s	提供通信辅助功能，用于传感器和执行器的低速网络
MOST	25 ~150 Mbit/s	多媒体信息的分布网络，可以将音频、视频、全球定位系统和电话等信息服务设备相互连接起来
FlexRay	10Mbit/s	满足汽车向智能化、网联化方向发展的需要，主要应用于先进驾驶辅助系统

3. CAN总线组成及工作原理

各种数据总线的工作原理基本相似，下面以CAN总线为例介绍数据总线的组成和原理。CAN总线由CAN控制器、CAN收发器、数据传输线、数据传输终端及网关等组成。每个ECU中均包括微处理器、CAN控制器和CAN收发器（图2-23）。

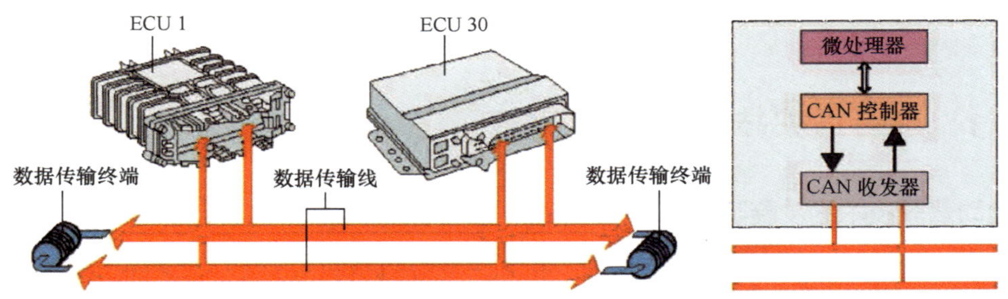

图2–23　CAN 总线的组成

（1）CAN控制器

CAN控制器的功用是接收从ECU中的微处理器传送来的数据，并对这些数据进行处理，然后将其传往CAN收发器。同理，CAN控制器也接收由 CAN 收发器传来的数据，并对这些数据进行处理，然后将其传往 ECU 中的微处理器 。

（2）CAN收发器

CAN收发器的功用是将CAN控制器传来的数据转换为电压信号，并将其送入数据传输线。

（3）数据传输线

数据传输线的功用是传递CAN控制器与CAN收发器之间的数据。数据传输线为双线，两条线分别称为 CAN-H（高）线和CAN-L（低）线。为了防止外界电磁波干扰和向外辐射，通常将CAN-H线和CAN-L线缠绕在一起（双绞线），如图2-24所示。工作时，两条线的电压分别为2.5～3.5V和1.5～2.5V，但两条线的电位是相反的，并且两条线始终保持电压总和为一个常数。

图2–24　数据传输线

（4）数据传输终端

数据传输终端是一个电阻器，其功用是防止数据在终端被反射而影响正常传输，并以回声的形式返回。

（5）网关

网关又称网间连接器、协议转换器，用于通信协议不同的网络之间的互换连接，以实现无差别的数据传输。

4. CAN总线的通信

汽车ECU与外界的信息交换称为通信，通信可以分为串行通信和并行通信两种类型。串行通信是数据的各位在同一条数据传输线上依次逐位发送或接收，并行通信是数据的各位同时在多条数据传输线上发送或接收。汽车上各种ECU想要实现通信，必须要有一定的规则，即通信协议。通信协议中包括通信的速度、格式、优先级等内容 。

CAN总线上出现的只有0和1信号，其通过两条数据传输线上的电压差（即CAN-H线电压减去CAN-L线电压）来表示，即差分电压传输。CAN总线通信速率分为两个级别：高速CAN总线（通信速率为125 kbit/s ~ 1 Mbit/s），主要用于发动机和底盘的控制系统；低速CAN总线（通信速率为25 ~ 125 kbit/s），主要用于车身电气系统、舒适系统和娱乐信息系统。

2.2.3 自动驾驶技术

1. 自动驾驶技术的发展阶段

自动驾驶汽车又称无人驾驶汽车，是一种通过计算机系统实现无人驾驶的智能汽车。根据自动化水平的高低，自动驾驶技术的发展可分为4个阶段：驾驶辅助系统、部分自动化系统、高度自动化系统、完全自动化系统。

① 驾驶辅助系统：目的是为驾驶者提供协助，包括提供重要或有益的驾驶相关信息，以及在形势开始变得危急的时候发出明确而简洁的警告，如车道偏离警告等。

② 部分自动化系统：在驾驶者收到警告却未能及时采取相应行动时能够自动进行干预的系统，如自动紧急制动系统和应急车道辅助系统等。

③ 高度自动化系统：能够在或长或短的时间段内代替驾驶者承担操控车辆的职责，但是仍需驾驶者对驾驶活动进行监控的系统。

④ 完全自动化系统：可无人驾驶车辆，允许车内所有乘员从事其他活动且无须进行监控的系统。这种自动驾驶系统允许乘员从事工作、休息及娱乐等活动。

2. 自动驾驶汽车的原理

自动驾驶汽车的“智能”模式有自主式和网联式两种，这两种模式都在各自往前发展，同时也在融合，其融合的结果就是智能网联汽车。

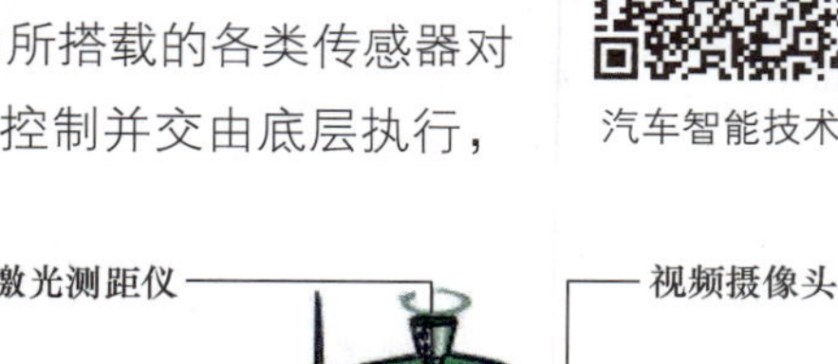
汽车智能技术

① 自主式智能汽车。这类自动驾驶汽车依靠车内所搭载的各类传感器对车辆周围环境进行感知，依靠车载控制器进行决策和控制并交由底层执行，实现自动驾驶。自主式智能汽车结构如图2-25所示。汽车自动驾驶技术通过视频摄像头、车载雷达、微型传感器及激光测距仪等来了解周围的交通状况，然后再结合全球定位系统（GPS）数据计算出车辆的位置，所有这些数据一起输入计算机，软件以极快的速度处理这些数据。这样，系统就可以非常迅速地做出判断，再根据判断结果来调整汽车的行驶方向和速度，实现自动驾驶。

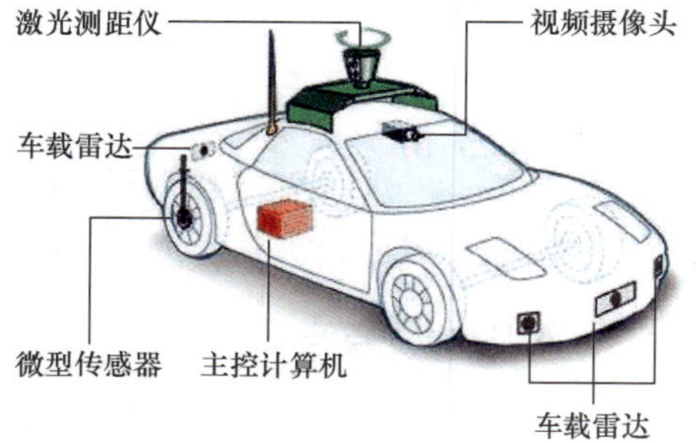

图2-25　自主式智能汽车结构

② 网联式智能汽车。车辆通过V2X（如

V2V、V2P、V2I等）通信的方式获取外界的环境信息并帮助车辆进行决策与控制。网联式智能汽车采用新一代移动通信技术，可实现车辆位置信息、车速信息、外部信息等汽车信息之间的交互，并由控制器进行计算，通过决策模块计算后控制车辆按照预先设定的指令行驶，这一技术进一步增强了汽车的智能化程度和自动驾驶能力。网联式智能汽车示意图如图2-26所示。

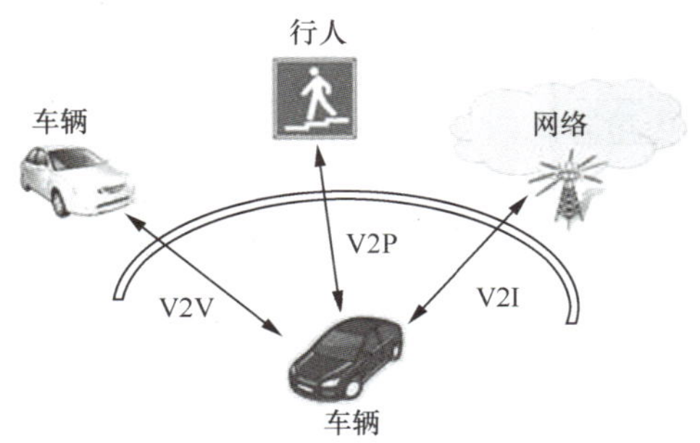

图2-26　网联式智能汽车示意图

3. 车联网

车联网是以车内网、车际网和车云网为基础，按照约定的通信协议和数据交换标准实现车与人、车、路、云等系统之间的无线通信和信息交换的大系统网络，是能够实现智能交通管理、智能动态信息服务和车辆智能化控制的一体化网络，如图2-27所示。车联网包括了车内网、车际网和车云网等3个网络层次，三网融合才是一个完整的车联网。

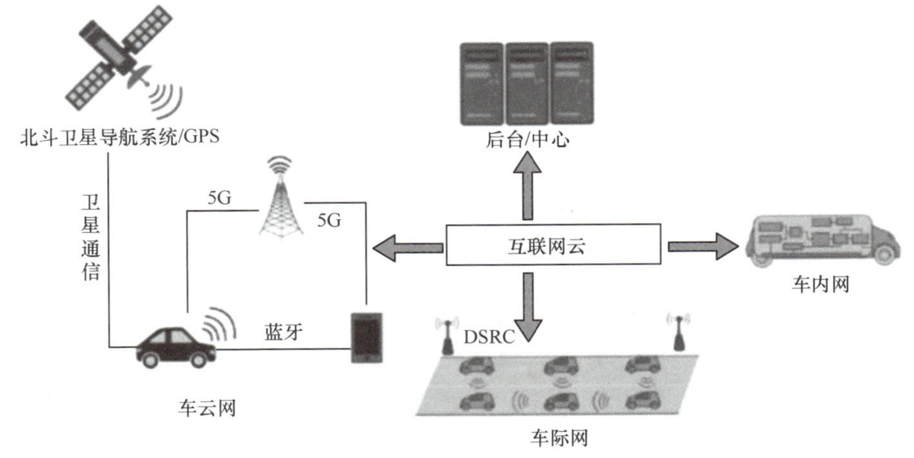

图2-27　车联网示意图

2.2.4　新能源汽车

1. 新能源汽车的定义

按照我国的定义，新能源汽车是指采用新型动力系统，完全或者主要依靠新型能源驱动的汽车，包括纯电动汽车、增程式汽车、氢能燃料电池汽车、插电混合动力汽车、混合动力汽车等（图2-28）。而按照国际通用的划分方法，非插电式混合动力汽车也属于新能源汽车范畴。

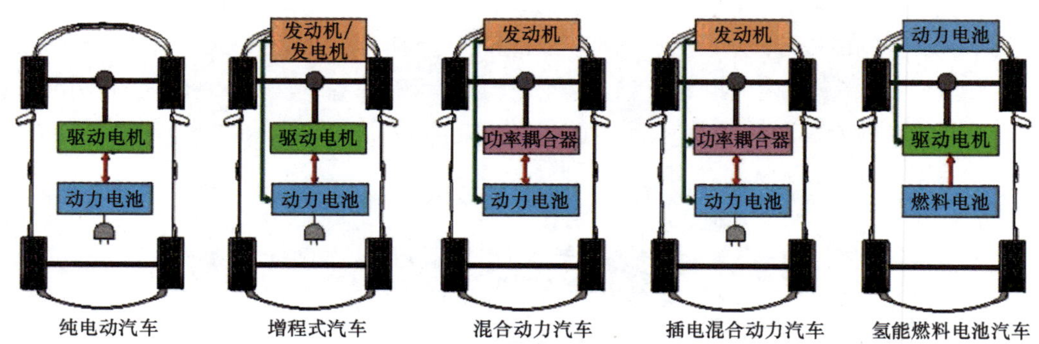

图2-28　新能源汽车的类型

2. 纯电动汽车

纯电动汽车（Battery Electric Vehicle，BEV）是完全由可充电电池（如铅酸电池、镍镉电池、镍氢电池或锂离子电池）提供动力源的汽车。纯电动汽车与内燃机汽车相比最大的区别是：取消了发动机，增加了动力电池和驱动电机。纯电动汽车由电力驱动控制系统、底盘、车身和电气设备4个部分组成，除电力驱动控制系统外，其他3个部分的构造与内燃机汽车的相似。电力驱动控制系统包括动力电池组、驱动电机、DC/DC转换器、电子控制器、充电装置、热力系统等部分，如图2-29所示。

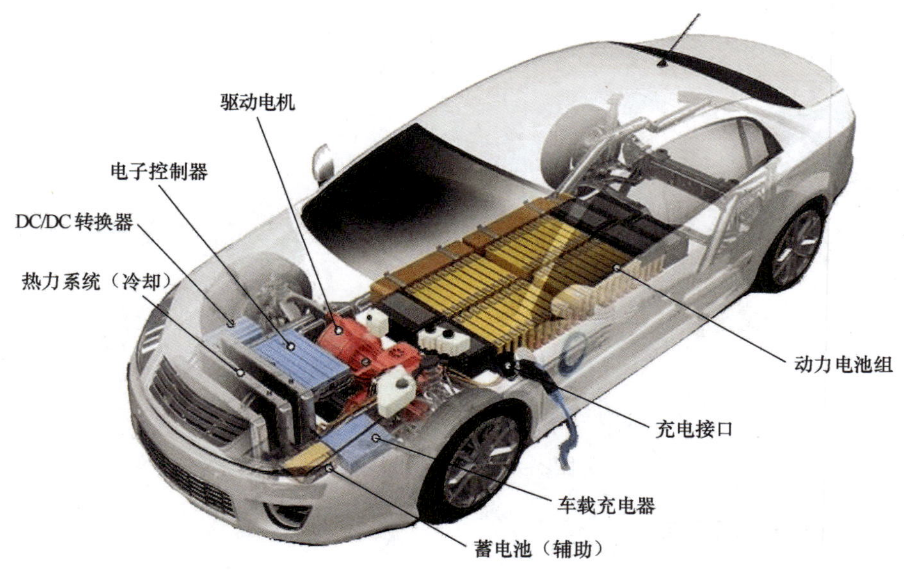

图2-29　纯电动汽车电力驱动控制系统

纯电动汽车不再需要发动机，其驱动电机和动力电池分别相当于内燃机汽车的发动机和燃油箱。电能是可再生能源，可以来源于风能、水能、热能、太阳能等多种形式。纯电动汽车的能量利用率超过了50%，显然高于内燃机汽车的能量利用率（20%～35%）。另外，纯电动汽车还可以在夜间利用电网的廉价“谷电”进行充电，以降低使用成本，其能源成本约为燃油汽车的1/5。

目前，纯电动汽车还存在着一些不足。

① 续驶里程短。纯电动汽车的续驶里程低于同级别燃油汽车。在冬季，由于动力电池能量密度下降较快，续驶里程还会进一步降低。

② 充电时间长。纯电动汽车慢充时间为8h左右，快充时间为1～2h，远远慢于加油时间。

③ 充电桩不足。纯电动汽车通过外接电源给动力电池充电，需要大规模的配套基础设施，这并非短期内能够完全解决的问题。

3. 氢能燃料电池汽车

氢能燃料电池汽车

氢能燃料电池汽车（Fuel Cell Vehicle，FCV）是以氢为主要燃料的汽车，其能量源是燃料电池。燃料电池是把燃料中的化学能直接转换为电能的能量转换装置，它有正负极和电解质等，像一个蓄电池，但实质上它不能储电，而是一个“小型发电厂”。氢能燃料电池汽车系统由燃料箱、燃料电池、电池组、控制系统、驱动系统等组成，如图2-30所示。

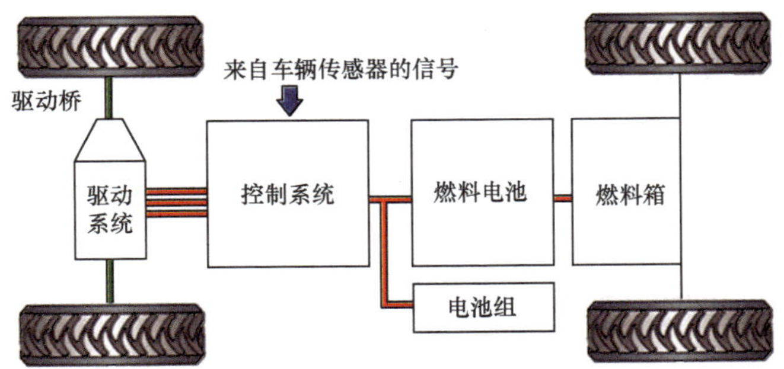

图2-30　氢能燃料电池汽车的系统组成

燃料电池的工作原理如图2-31所示。氢气流入燃料电池的阳极板（负极），经过催化剂（铂）的作用，氢原子中的一个电子被分离出来，失去电子的氢离子（质子）穿过质子交换膜，到达燃料电池的阴极板（正极），而电子是不能通过质子交换膜的，这个电子只能经外部电路到达燃料电池的阴极板，从而在外部电路中产生电流。电子到达阴极板后，与氧原子和氢离子重新结合为水。由于供应给阴极板的氧气可以从空气中获得，因此只要不断地给阳极板供应氢气，给阴极板供应空气，并及时把水（蒸气）带走，燃料电池就可以不断发出

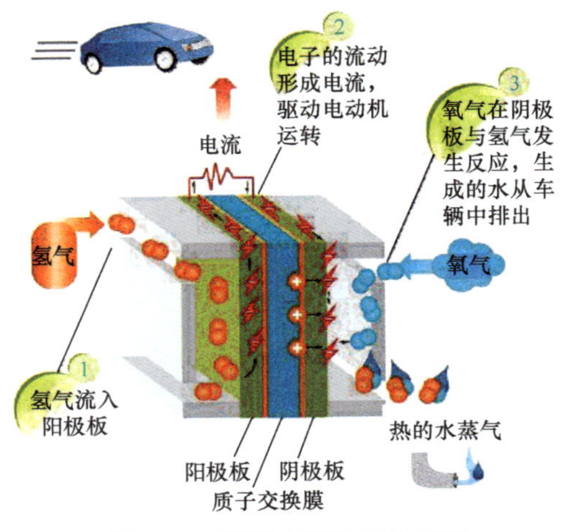

图2-31　燃料电池的工作原理

电，经逆变器、控制器等装置，给电动机供电，再经传动系统、驱动桥等带动车轮转动，就可使车辆在路上行驶。与传统汽车相比，氢能燃料电池汽车的能量转换效率高达60%~80%，为内燃机汽车的2~3倍。燃料电池的燃料是氢和氧，生成物是清洁的水，它工作时不产生一氧化碳和二氧化碳，也没有硫和微粒排出。因此，氢能燃料电池汽车是真正意义上的零排放、零污染的车，氢燃料是理想的汽车能源。

4. 混合动力汽车

混合动力汽车（Hybrid Electric Vehicle，HEV）是指同时装备两种动力来源——热动力源（由传统的汽油机或者柴油机产生）与电动力源（电池与电机）的汽车。由于当前纯电动汽车用的电池性能还不理想，一次充电后汽车续驶里程尚未达到传统汽车的水平，同时充电、维修等基础设施的建设需要资金。因此混合动力汽车是为了弥补纯电动汽车的不足而诞生的，它将电池和汽油内燃机共用，既克服了纯电动汽车续驶里程短的缺点，又减少了污染。混合动力汽车由燃料箱、小排量燃油发动机、发电机、电池组、驱动电机、控制器和电气设备（如整流器）等组成，如图2-32所示。

电动汽车

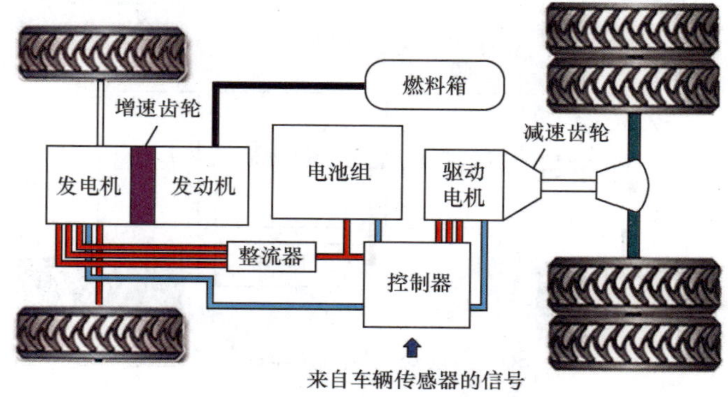

图2-32　混合动力汽车结构示意图

（1）混合动力汽车的优点

① 采用混合动力后，我们可按平均需用的功率来确定内燃机的最大功率，此时汽车在油耗低、污染少的最优工况下工作。需要大功率而内燃机功率不足时，由电池来补充；负荷少时，富余的功率可用于发电并给电池充电。由于内燃机可持续工作，电池又可以不断充电，故其续驶里程和普通汽车一样。

② 与传统汽车相比，混合动力汽车可以十分方便地回收制动时、下坡时、怠速时的能量。

③ 在繁华市区，驾驶员可关停内燃机，使汽车由电池单独驱动，实现零排放。

④ 有了内燃机可以十分方便地解决空调、取暖、除霜耗能大等纯电动汽车遇到的难题。

⑤ 混合动力汽车可以利用现有的加油站加油。

⑥ 电池可以保持良好的工作状态，不发生过充电、过放电问题，这能延长电池的使用寿命，降低使用成本。

混合动力电动汽车的主要缺点：有两套动力系统和两套动力的管理控制系统，结构复杂，技术较难，价格较高，而且仍然需要消耗燃油，只是一种过渡产品。

（2）混合动力汽车的工作原理

混合动力汽车的动力系统主要由控制系统、驱动系统、辅助动力系统和电池等部分构成。尽管混合动力汽车有并联、串联与混联之分，但其主要组成部分相差不大。此处以并联混合动力汽车为例，介绍混合动力汽车的工作原理，如图2-33所示。

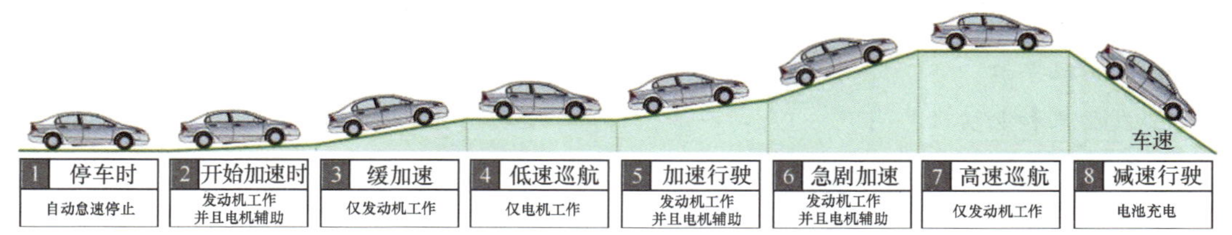

图2-33 混合动力汽车的工作原理

在车辆行驶之初，电池处于电量饱满状态，其能量输出可以满足车辆要求，辅助动力系统不需要工作。当电池的电量低于60%时，辅助动力系统启动。当车辆能量需求较大时，辅助动力系统与电池同时为驱动系统提供能量；当车辆能量需求较小时，辅助动力系统为驱动系统提供能量的同时，还会给电池充电。由于电池的存在，发动机工作时处在一个相对稳定的状态，这使其污染排放得到改善。

实践体验

区分电动汽车

近年来，电动汽车迅速崛起，目前市场上既有特斯拉、比亚迪等比较侧重电动汽车的品牌，也有丰田、大众等传统汽车厂商，还有蔚来、小鹏、理想等造车新势力，电动汽车的类型也五花八门。请同学们在生活中进行观察，运用所学知识，并查阅相关资料，将各种电动汽车类型、代表车型及主要优缺点填在表2-7中。

表2-7 电动汽车的类型与特点

电动汽车类型	代表车型	主要优缺点
纯电动汽车		
混合动力汽车		

思考与练习

一、选择题

1. 稀燃就是发动机混合气中的汽油含量低，空气与汽油之比可达______。

A. 25 : 1　　B. 20 : 1　　C. 13 : 1　　D. 15 : 1

2. 目前，汽车上应用最为广泛是______网络。

A. CAN　　B. LIN　　C. MOST　　D. FlexRay

3. 混合动力汽车在加速或爬坡时，发动机的输出功率达到极限，这时由____提供动力源。

A. 发动机单独　　B. 电动机单独

C. 发动机和电动机共同　　D. 发动机和电动机分别

4. 下列不属于纯电动汽车缺点的是______。

A. 续驶里程短　　B. 充电时间长　　C. 充电桩不足　　D. 制造工艺难

5.下列关于汽车新技术表述错误的是______。

A. 所谓车身轻量化，就是尽可能降低汽车的整车整备质量

B. 涡轮增压器可以提高发动机的功率

C. 将电机直接安装到驱动车轮内的驱动方式为轮毂电机驱动

D. 氢能燃料电池汽车主要利用燃料电池中氢气与氧气的化学反应产生电能来驱动汽车

二、简答题

1. 混合动力汽车具有哪些特点？

2. 自动驾驶系统的发展阶段有哪些？它们的特征是什么？

项目 3

汽车公司与品牌

随着汽车工业的快速发展，全球范围内出现了众多汽车品牌，其中一些汽车品牌因其高品质的产品、良好的口碑以及强大的品牌实力，逐渐崛起成为汽车行业中的领军者。汽车品牌的意义不仅仅是提供汽车产品，汽车品牌同时蕴含着一种汽车文化和一种社会价值，代表着某一个人群的生活信念和状态。在本项目中，我们将学习一些常见的汽车公司与品牌，了解它们的成长之路，领会它们的品牌价值。

任务3.1 中国汽车公司与品牌

学习目标

知识目标	能力目标	素养目标
• 熟知中国汽车公司的发展简史； • 熟知中国常见汽车品牌； • 了解中国汽车品牌价值。	• 能总结中国汽车公司的发展历程； • 能形成对中国汽车品牌的整体认知； • 能领会中国汽车品牌价值。	• 培养自主学习和归纳能力； • 培养沟通与协调能力； • 培养汽车鉴赏能力； • 培养对中国制造的自豪感。

相关知识

在激烈的市场竞争中，品牌已是各汽车企业控制和配置资源、抢占和控制市场的利器。中国汽车品牌近年来发展势头强劲，产品品质的提升也越来越明显，市场认可度也不断提高。中国汽车品牌正在不断进步，在不久的将来，中国定能培育出自己的全球知名品牌。

中国汽车公司与品牌

3.1.1 中国第一汽车集团有限公司与品牌

中国第一汽车集团有限公司（以下简称“一汽”）是国有特大型汽车企业集团，总部位于吉林省长春市，前身是第一汽车制造厂，第一汽车制造厂则是中国汽车工业的摇篮。一汽于1953年奠基兴建，1956年建成投产并制造出中国第一辆载货汽车（解放牌），1958年制造出中国第一辆轿车（东风牌）和第一辆高级轿车（红旗牌）。一汽的建成，开创了中国汽车工业的历史。

经过70多年的发展，一汽已经成为国内最大的汽车企业集团之一，从生产单一的中型载货汽车，发展为生产中、重、轻、微型载货汽车和轿车、客车等多品种，以及宽系列、全方位的汽车产品。其建立了东北、华北、华东、华南、西南等五大生产基地，构建了全球化研发布局，拥有红旗、解放、奔腾等自主品牌和大众（奥迪）、丰田等合资品牌，销量规模位列中国汽车行业第一阵营。

一汽商标（图3-1）是由阿拉伯数字“1”和汉字“汽”艺术化地组合而成的，构成一只展翅飞翔的雄鹰。一汽的商标既表示不断进取、展翅高飞的中国一汽精神，又表示中国汽车工业冲出国门、走向世界的决心。一汽自主品牌图谱如图3-2所示。

图3-1 一汽商标

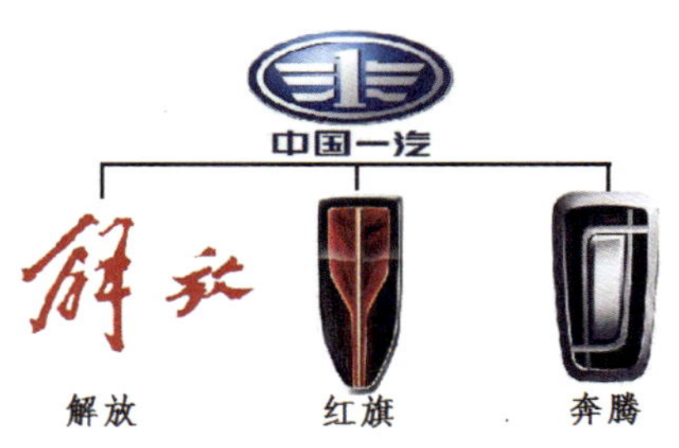

图3-2 一汽自主品牌图谱

1956年7月13日，第一辆国产解放汽车CA10驶下装配线，结束了中国不能制造汽车的历史。20世纪80年代，一汽自主研发生产了第二代解放CA141载货汽车，其成为一代经典。20世纪90年代末，一汽先后自主研发生产了第三代、第四代产品，实现了载货汽车生产柴油化和平头化转变。进入21世纪，一汽开始了现代化解放J系列汽车的研发生产，J系列汽车在发动机、变速器、驱动桥上均达到中国商用车发展新标准。2021年7月13日，正值一汽解放汽车出车65周年，其第800万辆载货汽车——搭载解放智慧动力域的J7重型载货汽车亮相，这标志着解放汽车迈进了全新的智慧动力域时代。解放汽车的历代车型见表3-1。

表3-1 解放汽车的历代车型

名称	下线日期	车型图示
第一代 解放CA10	1956年7月	
第二代 解放CA141	1986年7月	
第三代 解放CA150PL2	1995年5月	
第四代 解放CA1170P2K1L2	1997年7月	
第五代 解放J5	2004年7月	

续表

名称	下线日期	车型图示
第六代 解放J6	2007年7月	
第七代 解放J7	2018年4月	

1958年，红旗轿车诞生。在20世纪60至70年代，红旗轿车是中国汽车工业的一面旗帜。改革开放之后，红旗轿车不断向市场化、商业化的方向迈进。红旗L5豪华轿车如图3-3所示。

奔腾品牌创立于2006年5月18日。创始车型奔腾B70作为国内第一款高起点、高品质、高性能的自主品牌中高级轿车，将中国自主乘用车事业拓展到一个新的高度，并由此开启了一汽奔腾自主发展的崭新篇章。2021年5月18日，一汽奔腾发布全新品牌战略，并基于标志“世界之窗”进行全面升级，打造全新奔腾品牌标志。奔腾B70如图3-4所示。

图3-3　红旗L5豪华轿车

图3-4　奔腾B70

3.1.2　东风汽车集团有限公司与品牌

东风汽车集团有限公司（以下简称“东风公司”）是中央直管的特大型汽车企业，前身是始建于1969年的第二汽车制造厂，总部设在湖北省武汉市。它拥有风神、风行、岚图等自主品牌和日产、英菲尼迪、本田、标致、雪铁龙等合资品牌。

东风公司是中国汽车行业内产业链最齐全、产品阵营最丰富的汽车企业之一。东风公司主要产品覆盖高档车、中档车和经济型车市场，业务涵盖全系列商用车、乘用车、军用车、新能源汽车、关键汽车总成和零部件、汽车装备、出行服务、汽车金融等。其国内事业主要分布在武汉、十堰、襄阳、广州、柳州、郑州、成都、重庆、大连等全国20多个城市。东风公司在瑞典建有研发基地。东风公司与10多家国际整车和零部件企业开展全球合作与协同，产品销往全球80多个国家和地区。

东风商标（图3-5）取意于“双燕舞东风”，设计师以艺术变形手法，取燕子凌空飞翔时的剪形尾羽作为图案基础。东风汽车商标格调新颖、寓意深远，使人自然联想到东风送暖、春光明媚、神州大地生机盎然的景象，给人以启迪，给人以力量。第二汽车制造厂的“二”字寓意于双燕之中；戏跃翻飞的春燕，还象征着东风汽车的车轮不停地旋转，东风汽车奔驰在祖国大地，冲出亚洲，奔向世界。

图3-5 东风商标

3.1.3 上海汽车集团股份有限公司与品牌

上海汽车集团股份有限公司（以下简称“上汽集团”）作为国内规模领先的汽车上市公司，努力把握产业发展趋势，加快创新转型，正在从传统的制造型企业，向为消费者提供移动出行服务与产品的综合供应商发展。目前，上汽集团主要业务包括整车（含乘用车、商用车）的研发、生产和销售，智能驾驶等技术的研究和产业化探索，零部件的研发、生产、销售，物流、汽车电商、出行服务、节能和充电服务等移动出行服务业务，汽车相关的金融、保险和投资业务，海外经营和国际商贸业务，等等。

上汽集团下属整车企业主要包括上汽乘用车、智己汽车、飞凡汽车、上汽大众、上汽通用、上汽通用五菱、上汽大通、南汽、上海申沃、上汽红岩等。上汽集团整车品牌图谱如图3-6所示。

上汽集团整车品牌

上汽乘用车	智己汽车	飞凡汽车	上汽大众	上汽通用	上汽通用五菱	上汽大通	南汽	上海申沃	上汽红岩
荣威			奥迪	凯迪拉克	五菱汽车		NAVECO		
名爵	智己	飞凡	大众	别克	WULING 五菱	上汽大通 MAXUS	上汽轻卡 SAIC LDT	申沃客车 SUNWIN	上汽红岩
			斯柯达	雪佛兰	BAOJUN 宝骏	LDV			

图3-6 上汽集团整车品牌图谱

荣威是上汽集团旗下的一个汽车品牌，于2006年10月推出。荣威取意“创新殊荣、威仪四海”。荣威品牌发展迅速，其产品已经覆盖中级车与中高级车市场，“科技化”已经成为荣威汽车的品牌标签。荣威的商标（图3-7）为盾形，底色采用深邃、具有科技感的金属本色（银与黑），包含东方雄狮、华表和字母R与W等元素。

3.1.4 浙江吉利控股集团有限公司与品牌

图3-7 荣威商标

浙江吉利控股集团有限公司（以下简称“吉利控股集团”）始建于1986年，于1997年进入汽车行业，一直专注于实业、技术创新和人才培养，不断打基础、练内功，坚定不移地推动企业转型升级和可持续发展。吉利控股集团连续多年进入《财富》世界500强（2023年排名第225位），是全球汽车品牌组合价值前十名中唯一的中国汽车企业。

吉利控股集团致力于成为具有全球竞争力和影响力的智能电动出行和能源服务科技公司，业务涵盖汽车及上下游产业链、智能出行服务、绿色运力、数字科技等。集团总部设在杭州，旗下有吉利、领克、极氪、几何、沃尔沃（瑞典）、极星、路特斯（英国）、英伦电动汽车、远程新能源商用车、曹操出行等品牌，如图3-8所示。吉利控股集团以汽车产业电动化和智能化转型为核心，在新能源科技、共享出行、车联网、智能驾驶、车载芯片等前沿技术领域，打造科技护城河，做强科技生态圈。

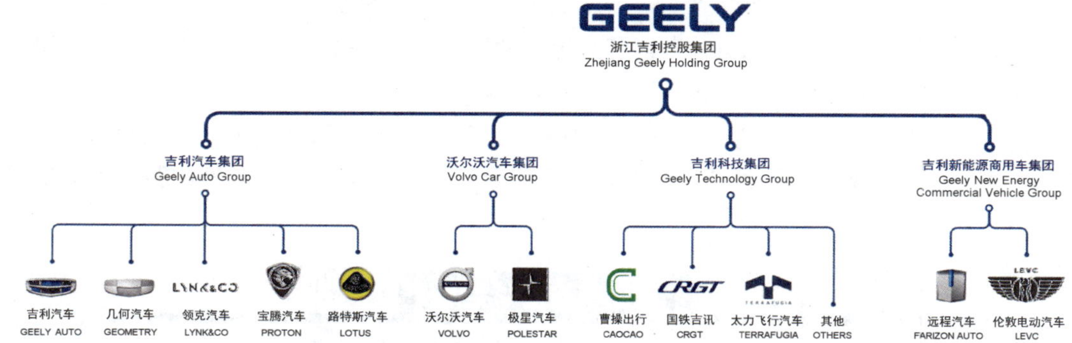

图3-8 吉利控股集团整车品牌图谱

吉利控股集团在中国上海、杭州、宁波，瑞典哥德堡，英国考文垂，美国加利福尼亚州，德国法兰克福等地建有造型设计和工程研发中心，研发、设计人员超过2万人。吉利控股集团在中国、美国、英国、瑞典、比利时、马来西亚建有世界一流的现代化整车和动力总成制造工厂，拥有各类销售网点超过4 000余个，产品销售及服务网络遍布世界各地。

吉利商标（图3-9）源于“6块腹肌”的创意灵感，代表了年轻、力量、阳刚和健康，寓意吉利是年轻的、积极向上的品牌，其产品是有充沛动力和良好驾驶性能的车。吉利商标为勋章或盾牌形状，给人安全感和信赖感，蕴含着吉利自创始至今所承载的“安全呵护与稳健发展”的品牌特征。

图3-9 吉利商标

3.1.5 比亚迪股份有限公司与品牌

比亚迪股份有限公司（以下简称“比亚迪”）创立于1995年，是一家致力于“用技术创新，满足人们对美好生活的向往”的高新技术企业，总部位于深圳。它由20多人的规模起步，2003年成长为全球第二大充电电池生产商，同年组建比亚迪汽车。比亚迪已在全球设立30多个工业园，实现全球六大洲的战略布局。比亚迪业务涵盖电子、汽车、新能源和轨道交通等领域，比亚迪在这些领域发挥着举足轻重的作用，比如从能源的获取、存储，再到应用，比亚迪全方位构建零排放的新能源整体解决方案。2022年，比亚迪股价再创历史新高，成为国内首个市值突破万亿元的汽车自主品牌。

比亚迪的商标（图3-10）最早使用蓝白相间色，图案为椭圆形状，而在2005年，比亚迪汽车商标改成了椭圆轮廓和“BYD”3个字母组合的图案。2021年开始，比亚迪汽车新商标在字体的排列、图形的颜色等方面都发生了巨大变化，并加入了光影元素。比亚迪汽车新商标寓意打开封闭空间，放开无限触点，以开发的胸怀和创新的姿态连接更多用户和伙伴，突出了比亚迪汽车的创新性、科技感。“BYD”是“Build Your Dream”的首字母缩写，意思是“成就你的梦想”。

图3-10　比亚迪的商标的演变过程

比亚迪遵循自主研发、自主生产、自主品牌的发展路线，矢志打造真正物美价廉的国民用车，产品的设计既含有国际潮流的先进理念，又符合中国人的审美观念，比亚迪最终在新能源汽车的研发与产业化上走在了世界的前列。比亚迪DM（双模）技术、刀片电池技术等体现了中国汽车技术第一次在世界汽车技术领域扮演领跑角色，这对中国汽车工业的发展具有颠覆性意义，也是中国改革开放几十年来伟大成果的良好见证。比亚迪在全球新一轮汽车工业调整中占得先机，已占据全球新能源汽车争夺战的制高点。

比亚迪目前主要拥有两个车系：海洋系列和王朝系列。海洋系列包括海豚、海豹、e系列及驱逐舰等，王朝系列包括秦、汉、唐、宋、元等。比亚迪是少数几个使用汉字车标的汽车品牌之一。使用汉字车标（图3-11）之后，消费者对比亚迪的印象更加深刻。比亚迪的汉字车标不仅美感十足，而且展示出了中华文化的博大精深，值得我们肯定。

图3-11　比亚迪的汉字车标

3.1.6　中国其他汽车公司与品牌

1. 重庆长安汽车股份有限公司与品牌

重庆长安汽车股份有限公司（以下简称“长安汽车”），为中国长安汽车集团有限公司旗下的核心整车企业。其前身可追溯到1862年在上海创建的上海洋炮局，上海洋炮局曾开创了中国近代工业的先河。20世纪70年代末，正式进入汽车工业领域，逐步发展壮大。1984年，长安汽车生产出中国第一辆微型汽车。1996年，重庆长安汽车股份有限公司从原母公司独立。

长安商标（图3-12）主要是V字形图案。商标创意来自抽象的羊角形象，其还形似直立欲飞的翅膀，象征着一种气势，体现着一种高瞻远瞩、放眼未来的态度。罗马数字中，V代表5，而5在中国文化中主要体现为五行学说，即“金木水火土”形成一个完美的链条，从而体现长安汽车的各方面联系紧密。同时，在英语中，V也是单词Victory（胜利）的首字母，代表着长安汽车通过科技创新，为用户打造智慧出行生活方式的活力新举动和永恒不变的为用户服务的初心。

图3-12　长安商标

2. 奇瑞汽车股份有限公司与品牌

奇瑞汽车股份有限公司（以下简称“奇瑞汽车”）于1997年1月注册成立，总部位于安徽省芜湖市。1999年12月，第一辆奇瑞汽车下线。目前，奇瑞汽车已具备年产90万辆整车、发动机和40万套变速器的生产能力。奇瑞汽车曾是成长迅猛的自主品牌，经常在媒体报道中被称为“黑马”，一面世就开始了爆炸式的成长。2003年，奇瑞汽车接连推出3款新车型，即QQ、东方之子和旗云。2004年，中国“十大畅销车型”中表现最突出的是奇瑞QQ（图3-13），奇瑞QQ也成为微型轿车的代名词。奇瑞汽车产品覆盖乘用车、商用车、微型车等领域。

奇瑞商标（图3-14）的主体是英文字母CAC（Chery Automobile Corporation Limited，奇瑞汽车股份有限公司）的一种艺术化变形；商标中间的A为一个变体的人字，预示着公司以人为本的经营理念；商标两边的C向上环绕，如同人的两个臂膀，象征着团结和力量；商标中间的A在椭圆上方的断开处向上延伸，这寓意奇瑞汽车发展无限，潜力无限，追求无限。

图3-13　奇瑞QQ

图3-14　奇瑞商标

3. 长城汽车股份有限公司与品牌

长城汽车股份有限公司（以下简称“长城汽车”）的前身是长城汽车制造厂，成立于1984年，总部在河北省保定市。长城汽车是一家全球化智能科技公司，业务包括汽车及零部件设计、研发、生产、销售和服务，旗下品牌有哈弗、坦克、魏牌、欧拉及长城皮卡，如图3-15所示。

图3-15　长城汽车品牌图谱

长城商标（图3-16）的基础造型为椭圆形，中间凸起的部分是古代烽火台的仰视图案，体现了“长城”的元素，其挺立的姿态酷似强有力的剑锋和箭头，象征着长城汽车的发展蒸蒸日上。

图3-16　长城商标

实践体验

认识中国其他汽车品牌

除了本项目中介绍的这些中国汽车品牌外，我国还拥有大大小小的自主汽车品牌几十个，其中既有传统汽车品牌，也有一些新势力。请同学们查阅资料，搜集相关信息，将表3-2补充完整，自主了解一些中国其他汽车品牌，并与同学分享自己的心得。

表3-2　中国其他汽车品牌

商标	品牌名称	商标	品牌名称
JAC			

续表

商标	品牌名称	商标	品牌名称
SOUEAST			

思考与练习

一、选择题

1. 下列汽车品牌属于上汽集团创建的国际化自主品牌的是______。

A. 荣威　　B. 名爵　　C. 大众　　D. 斯柯达

2. 一汽总部位于_____市。

A. 北京　　B. 长春　　C. 杭州　　D. 武汉

3. 东风汽车的商标是______。

A.　　B.　　C .　　D.

4. _____不属于长城汽车旗下的品牌。

A. 欧拉　　B. 坦克　　C. 魏牌　　D.传祺

5. 长安汽车的商标是______。

A.　　B.　　C.　　D.

二、简答题

1. 我国有哪些汽车公司？这些公司旗下有哪些汽车品牌？

2. 简述比亚迪的发展历程。

3. 吉利控股集团旗下有哪些汽车品牌？

任务3.2 美国汽车公司与品牌

学习目标

知识目标	能力目标	素养目标
• 了解通用汽车公司的发展及其旗下品牌； • 了解福特汽车公司的发展及其旗下品牌； • 了解克莱斯勒汽车公司的发展及其旗下品牌。	• 能总结美国汽车公司的发展历程； • 能形成对美国汽车品牌的整体认知； • 能领会美国汽车品牌价值。	• 培养自主学习和归纳能力； • 培养沟通与协调能力； • 培养汽车鉴赏能力。

相关知识

美国汽车市场是世界上第二大汽车市场，目前年销量为1 000万～2 000万辆。美国拥有众多世界著名的汽车公司，包括通用汽车公司、福特汽车公司和克莱斯勒汽车公司等。

3.2.1　通用汽车公司与品牌

1. 通用汽车公司概述

通用汽车公司创建于1908年，创始人是威廉·杜兰特，总部设在美国底特律。通用汽车公司是全球最大的汽车制造商之一，在世界范围内设计、制造和销售各种轿车和载货汽车。通用汽车公司的主要市场包括北美、欧洲、亚太地区、拉美、非洲和中东地区，其中最大的是北美市场，其在我国的合资企业是上汽通用汽车有限公司。通用汽车公司自1931年起就成为全球汽车企业的领导者。通用汽车公司旗下拥有雪佛兰、别克、凯迪拉克、庞蒂亚克、土星、吉姆西（GMC）、悍马、欧宝、萨博、沃克斯豪尔、霍顿等品牌，如图3-17所示，其中前7个是美国本土品牌。

通用汽车公司与品牌

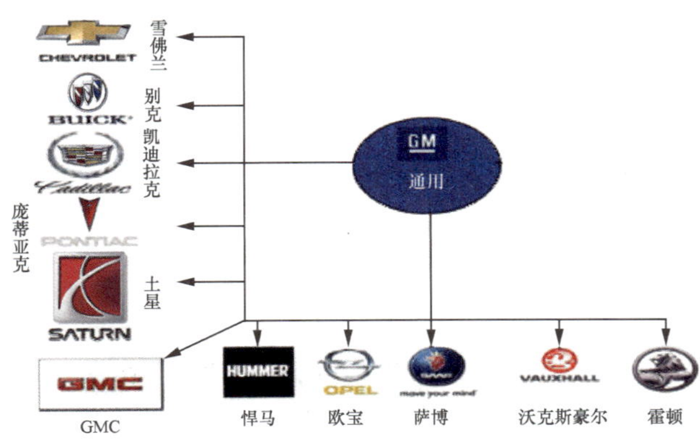

图3-17　通用汽车品牌图谱

威廉·杜兰特（1861—1947年，图3-18）被认为是世界汽车发展史上的一位传奇人物。他在看到了汽车的发展前景后，果断利用自己手中掌握的巨额资金，创建了今天名震全球的通用汽车公司。可惜由于过度扩张，通用汽车公司多次陷入困境，杜兰特也两次被迫离开自己亲手建立的通用汽车公司。杜兰特的失败，表明了管理是现代企业的生命。将先进的管理经验和方法带给通用汽车公司，使通用汽车公司一举成为世界上最强大的汽车公司之一的人是阿尔弗雷德·斯隆（图3-19）。

图3-18　威廉·杜兰特

图3-19　阿尔弗雷德·斯隆

阿尔弗雷德·斯隆（1875—1966年）在通用汽车公司处于困境时，励精图治，为公司构筑起一套完整的组织机构和管理制度，挽救、发展了通用汽车公司。斯隆在任职期间，针对通用汽车公司的情况提出了“分散经营和集中协调相结合”的管理方式。根据市场的变化，他又提出了“分期付款”“旧车折旧”“年年换代”“密封车身”4项原则。斯隆最先指出汽车不再仅仅是一种普通交通工具，还将体现人们对时尚、式样和舒适的追求。因此，汽车厂家必须重视汽车的各个方面，使自己的产品满足消费者个性的需求。在斯隆的卓越领导下，通用汽车公司迅速超过竞争对手，在20世纪20年代末跃升为世界级汽车公司，直至今日。

2. 凯迪拉克品牌

凯迪拉克（Cadillac）品牌最初是由凯迪拉克汽车公司于1902年创建的，创始人是亨利·利兰德。1909年，凯迪拉克汽车公司加入了通用汽车公司。凯迪拉克品牌是为了向法国的探险家安东尼·门斯·凯迪拉克表达敬意，因为他在1701年建立了底特律这座城市。

凯迪拉克的早期商标［图3-20（a）］上为冠、下为盾，周围为郁金香花瓣构成的花环。冠上的7颗珍珠代表着尊贵的气质，盾象征着英勇，花环表示荣誉，这喻示着凯迪拉克汽车的高贵和气派。21世纪以来，凯迪拉克商标明显向着简约化、符号化、时尚化的趋势演变［图3-20（b）］。这种化繁为简的变化，迎合了被凯迪拉克称作“艺术与科技”的新设计理念。凯迪拉克XT5如图3-21所示。

（a）早期商标

（b）最新商标

图3-20　凯迪拉克商标

图3-21　凯迪拉克XT5

3. 雪佛兰品牌

雪佛兰（Chevrolet）品牌原属美国密歇根州的雪佛兰汽车公司，建于1911年，创始人是威廉·杜兰特和路易斯·雪佛兰。1918年5月，雪佛兰汽车公司并入通用汽车公司。

雪佛兰商标（图3-22）是雪佛兰汽车公司的创始人之一杜兰特看报纸时设计的，后来他又从巴黎酒店的墙上获得灵感，借鉴法国古代壁画对商标进行了简化，雪佛兰商标于1914年首次使用。在西方社会里，领结是深受人们喜爱的饰物，不但体现着大众文化，更标志着品位与追求。《变形金刚》中“大黄蜂”的原型车即为雪佛兰科迈罗，如图3-23所示。

图3-22 雪佛兰商标

图3-23 雪佛兰科迈罗

克尔维特（Corvette）是通用汽车公司雪佛兰分部生产的高级跑车品牌。它沿用了17世纪英国的一种炮舰的名字，旨在向当时流行的英国跑车发起挑战。克尔维特自诞生那天起，就以超凡的魅力、独一无二的款式畅销全世界，是美国汽车工程艺术领域的代表产品之一。克尔维特商标（图3-24）是交叉的两面旗帜。左边黑白相间的旗帜表示该车是参加汽车大赛的运动车；右边的旗帜上的领结图案表示该车由雪佛兰汽车公司制造，奖杯图案表示该车在赛车运动中取得过优异成绩。

图3-24 克尔维特商标

4. 别克品牌

别克（Buick）汽车公司建于1903年5月，创始人是大卫·别克，但公司创立不久就陷入困境。后在威廉·杜兰特的资助下，公司才兴旺起来。1908年，杜兰特以别克汽车公司为中心建立了通用汽车公司。

别克商标的主要图案为3个盾牌，3个不同的颜色（从左到右分别为红、白、蓝）的盾牌依次排列在不同高度，给人一种积极进取、不断攀登的感觉。别克汽车商标表示别克汽车采用顶级技术制造，也意味着别克培养的人才是无坚不摧、勇于登峰的勇士。2022年6月，别克发布全新商标。对比新旧两款商标，新商标没有了包裹盾牌的圆形环，内部的3个盾牌互相独立且整齐地排在一起，不像之前那样错落排列，如图3-25所示。

旧标

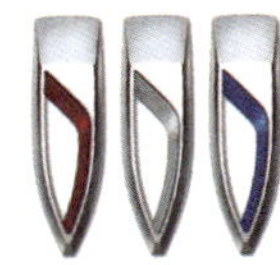

新标

图3-25 别克商标

5. 通用汽车公司的其他品牌

通用汽车公司在美国还拥有其他本土品牌，如表3-3所示。

表3-3　通用汽车公司其他本土品牌介绍

品牌名称	商标	简介	代表车型照片
庞蒂亚克（PONTIAC）		建于1932年8月，以生产高级轿车和跑车为主，如庞蒂亚克Solstice跑车	
土星（SATURN）		1985年成立，通用汽车公司中最年轻的品牌，代表车型为土星轿车	
吉姆西（GMC）	GMC	通用汽车公司旗下的商用车品牌，其皮卡车最为著名，如CANYON皮卡	
悍马（Hummer）	HUMMER	1992年推出，由于优异的越野性能，被誉为“越野车王”，代表车型为悍马H2	

3.2.2　福特汽车公司与品牌

1. 福特汽车公司概述

福特汽车公司创立于20世纪初，总部设在美国密歇根州迪尔伯恩市。凭借创始人亨利·福特的“制造人人都买得起的汽车”的梦想和卓越远见，福特汽车公司历经一个世纪的风雨沧桑，终于成为世界最大的汽车企业之一，其在我国的合资企业主要是长安福特汽车有限公司。目前福特汽车公司旗下有福特（Ford）、野马（Mustang）、林肯（Lincoln）3个品牌。

福特汽车公司与品牌

亨利·福特（1863—1947年，图3-26）是福特汽车公司的创始人。他推出了经济的福特T型车，其创造的用流水线装配汽车的方式，促进了汽车在世界上的普及，是世界汽车工业史上具有划时代意义的伟大创举。1947年4月7日，福特因脑出血死于底特律市。福特被誉为“汽车大王”，后人对福特有这样评价：“当他来到人世时，这个世界还是马车时代；当他离开人世时，这个世界已经成了汽车的世界。”

图3-26　亨利·福特

2. 福特品牌

福特商标（图3-27）采用的是英文“Ford”字样，蓝底白字。由于创建人亨利·福特喜欢小动物，所以商标设计者把英文“Ford”设计成形似一只活泼可爱的小白兔形象。商标整体寓意为在温馨的大自然中，一只活泼的小白兔矫健潇洒地奔向世界各地。福特福克斯轿车如图3-28所示。

图3-27　福特商标

图3-28　福特福克斯轿车

3. 野马品牌

野马品牌是福特汽车公司的跑车品牌，自1964年问世以来成就了一段段传奇。该品牌进入中国市场之后，以其优良的性能、合理的价位，一度受到国内爱车一族的追捧。野马商标（图3-29）中的奔马是原产于墨西哥和美国加利福尼亚州的一种野马，它身强力壮，善于奔跑，寓意野马跑车的超高性能。

蛇标野马（Shelby Mustang）是野马跑车的高性能版，命名为福特野马GT500（图3-30）。眼镜蛇标志是这款车最突出的特征之一。这款车由福特和谢尔比共同打造，因此也被称为“谢尔比眼镜蛇”。其商标不是大家熟知的野马商标，而是一条做出攻击动作的眼镜蛇。这款车目前是野马跑车中性能较强的车型。

图3-29　野马商标

图3-30　福特野马GT500

4. 林肯品牌

林肯（Lincoln）是福特汽车公司旗下的豪华车品牌，也是福特汽车公司拥有的第二个汽车品牌，创立于1917年，创始人为亨利・利兰。该品牌以曾经的美国总统亚伯拉罕・林肯的名字命名，借此树立品牌形象，显示该品牌的轿车是顶级轿车。其著名的产品有“欧洲大陆”“马克八世”“珍车”“航海家”等。林肯商标（图3-31）是一个矩形中含有一颗闪闪发光的星星，寓意启明星，也喻示着林肯轿车的光辉灿烂。

LINCOLN
AMERICAN LUXURY

图3-31　林肯商标

3.2.3　克莱斯勒汽车公司与品牌

1. 克莱斯勒汽车公司概述

克莱斯勒（Chrysler）汽车公司，目前是美国第三大汽车制造企业。公司总部设在密歇根州海兰德帕克。克莱斯勒汽车公司以经营汽车业务为主，主要生产道奇、克莱斯勒、吉普等品牌的汽车，如图3-32所示。它在美国的汽车装配工厂有8家，汽车制造厂及汽车零部件厂有30余家，在我国的合资企业主要是广汽菲亚特克莱斯勒汽车有限公司。

沃尔特·克莱斯勒（1875—1940年，图3-33）是克莱斯勒汽车公司的创始人。1920年，克莱斯勒离开任职的通用汽车公司，受聘于即将倒闭的马克斯威尔汽车公司。他于1924年推出克莱斯勒6号车型，为公司打开了新局面，并借机接手和改组了马克斯威尔汽车公司。1925年，他在马克斯威尔汽车公司的基础上成立了克莱斯勒汽车公司。

图3-32　克莱斯勒汽车品牌图谱

图3-33　沃尔特·克莱斯勒

2009年06月，克莱斯勒汽车公司和菲亚特汽车公司宣布，双方完成全球性战略联盟，组成菲亚特-克莱斯勒汽车集团。

2021年1月，法国标致-雪铁龙集团与菲亚特-克莱斯勒汽车集团的合并正式完成，双方合并成为一家全新的汽车集团——Stellantis集团，Stellantis的词义为“用繁星照亮”。Stellantis集团总部设在荷兰阿姆斯特丹，当年整车年销量超过800万辆，Stellantis集团一举成为全球排名前三的汽车企业之一。

2. 克莱斯勒品牌

目前，克莱斯勒采用的商标（图3-34）是在花形图案中有“CHRYSLER”字样，其中的圆形代表地球，表示克莱斯勒汽车遍及全世界。

图3-34　克莱斯勒商标

3. 道奇品牌

道奇品牌的创始人是一对出生在美国密歇根州的兄弟——约翰·道奇与霍瑞德·道奇。道奇兄弟曾是福特汽车公司的股东和董事，他们的工厂起初为福特汽车生产零件。由于福特汽车公司的成功，道奇兄弟亦因此获益，并开始发展自己的公司。道奇兄弟于1919年脱离福特汽车公司，他们成立的公司于1928年被克莱斯勒汽车公司收购，成为克莱斯勒汽车公司的一个分部。道奇商标（图3-35）是在一个类似五边形的图案中有一只公羊，象征道奇汽车强壮剽悍、善于竞争。

蝰蛇跑车是克莱斯勒汽车公司道奇分部生产的名车。蝰蛇是美国的一种凶猛的蛇，蝰蛇跑车所用的商标（图3-36）图案是一条张着血盆大口的蝰蛇，并特别突出了蝰蛇那双发光的眼睛和锐利的牙齿，象征蝰蛇跑车勇猛无比。

图3-35　道奇商标

图3-36　蝰蛇跑车商标

4. 吉普品牌

图3-37　吉普商标

吉普（Jeep）是克莱斯勒汽车公司旗下的越野车品牌，其前身是威利斯公司，该公司以制造越野车为主，成立于1941年。克莱斯勒汽车公司作为吉普的鼻祖，单独拥有吉普商标（图3-37）。

Jeep一词的来历有多种说法，要确切地考证很困难。其中一种流行且有趣的说法是，它来自1936年美国很流行的一本滑稽漫画*Popeye*，就是系列卡通片《大力水手》的初期版本。漫画中有一只既像猫又像狗的动物，它的叫声是“Jeep，Jeep”，因而它被叫作Eugene the Jeep（尤金尼吉普），这个绰号得到了所有人的认同，它的正式名称反而被遗忘了。尤金尼吉普喜欢到处乱跑，它机智勇敢，善于应对各种突如其来的险境，且屡屡化险为夷。吉普车也有同样的特点，人们便干脆把这种四轮驱动汽车叫作“吉普”（图3-38），这种叫法也慢慢流行起来。

威利斯公司敏感地察觉到这个名称中蕴藏着的巨大商机，便于1950年6月13日，将Jeep正式注册为商标品牌。后几经易手，该品牌于1987年归于克莱斯勒汽车公司旗下。由于它具有传奇的历史和响亮易记的发音，很多人都知道它，甚至不少人将吉普视为越野车的代名词，以为所有的越野车都可称为吉普。现在的吉普车已经进行现代化的改进，但造型还保持原来的风格，吉普牧马人越野车如图3-39所示。

图3-38　早期的吉普车

图3-39　吉普牧马人越野车

实践体验

了解特斯拉汽车公司与品牌

特斯拉汽车公司的创业团队主要来自硅谷，他们用IT理念来制造汽车，采用的不是传统汽车厂商的思路。因此，特斯拉汽车公司造新能源汽车，常常被看作一个“硅谷小子”战胜“底特律巨头”的神奇故事。请同学们参考已给的资料（见二维码），再查阅其他相关资料，自主学习一些有关特斯拉汽车公司的知识，了解特斯拉汽车公司的企业文化和品牌文化，并与同学分享自己的学习心得。请将本次实践的主要内容填写在表3-4中。

特斯拉汽车公司与品牌

表3-4 特斯拉汽车公司与品牌简介

品牌商标	TESLA	商标含义	
品牌发展历程			
创始人简介			

思考与练习

一、选择题

1. 在美国被誉为“汽车城”的城市是______。

A. 底特律 B. 华盛顿 C. 洛杉矶 D. 西雅图

2. 别克商标的图案主要呈现为______。

A. 3个盾牌 B. 三叉星

C. 字母H D. 字母B

3. 下列品牌中，_____不属于通用汽车公司。

A. B. C. D.

4. 福特汽车公司的创始人有_____梦想。

A. 制造人人都买得起的汽车 B. 制造仅供贵族使用的汽车

C. 制造跑得最快的汽车 D. 制造最美的汽车

5. 下列品牌中，______不属于克莱斯勒汽车公司。

A. B. Jeep. C. D.

二、简答题

1. 美国有哪些汽车公司？这些公司旗下有哪些汽车品牌？
2. 简述通用汽车公司的发展历程。
3. 如何理解“不是所有的吉普都叫Jeep”这句话？

任务3.3 欧洲汽车公司与品牌

学习目标

知识目标	能力目标	素养目标
• 熟知欧洲汽车公司的发展简史； • 熟知欧洲汽车品牌； • 了解欧洲汽车品牌价值。	• 能总结欧洲汽车公司的发展历程； • 能形成对欧洲汽车品牌的整体认知； • 能领会欧洲汽车品牌价值。	• 培养自主学习和归纳能力； • 培养沟通与协调能力； • 培养汽车鉴赏能力。

相关知识

欧洲是汽车和汽车工业的发源地，时至今日，欧洲汽车仍具有独特魅力，在许多方面值得全球学习。今日的欧洲车坛仍是百花齐放，德国车的刚劲沉稳，英国车的尊贵典雅，瑞典车的安全厚重，法国车的强操控性，以及意大利车的高性能，等等，一直为世人称道。

3.3.1 德国汽车公司与品牌

1. 梅赛德斯-奔驰集团股份公司

梅赛德斯-奔驰集团股份公司的创始人是卡尔·本茨和戈特利布·戴姆勒，总部设在德国的斯图加特市。它的前身是1886年成立的奔驰汽车公司和戴姆勒汽车公司。1926年两家公司合并后，更名为戴姆勒-奔驰汽车公司，成为汽车企业强强联合的首创者，后更名为戴姆勒股份公司。2022年2月，戴姆勒股份公司（Daimler AG）正式更名为梅赛德斯-奔驰集团股份公司（Mercedes-Benz Group AG）。现在，梅赛德斯-奔驰集团股份公司除以高质量、高性能豪华汽车闻名外，它也是世界上著名的商用车生产商之一，在我国的主要合资企业是北京奔驰汽车有限公司。梅赛德斯-奔驰集团股份公司下属品牌有迈巴赫（Maybach）、梅赛德斯-奔驰（Mercedes- Benz）、斯玛特（Smart）等，如图3-40所示。

梅赛德斯-奔驰集团股份公司与品牌

“梅赛德斯”是一个奥地利小女孩（图3-41）的名字，这个词来源于西班牙语，是优雅的意思。梅赛德斯的父亲是一位奥地利商人，叫艾米尔·耶利内克，他是戴姆勒汽车公司早期非常重要的合作伙伴。1900年，戴姆勒汽车公司与耶利内克签署协议，同意专门为耶利内克开发新的汽车，并且命名为“梅赛德斯”，由此开始了梅赛德斯品牌的历史。

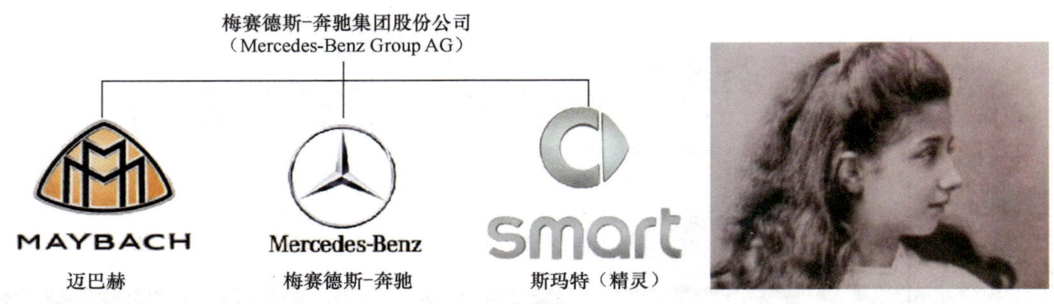

图3-40　梅赛德斯-奔驰集团股份公司品牌图谱

图3-41　梅赛德斯

（1）奔驰品牌

戴姆勒-奔驰汽车公司成立后，将原戴姆勒汽车公司商标和原奔驰汽车公司商标进行了组合（图3-42），即在两个嵌套的圆中含有一颗三叉星，“MERCEDES”字样在上，“BENZ”字样在下，两者之间用月桂枝相连。

图3-42　戴姆勒-奔驰商标的演变

现在梅赛德斯-奔驰集团股份公司汽车商标，是简化了的形似转向盘的一个圆环包围着三叉星的图案（图3-43）。

（2）迈巴赫品牌

迈巴赫品牌首创于20世纪20年代，现属于梅赛德斯-奔驰集团股份公司的豪华车品牌，其前身是迈巴赫发动机制造厂，创始人是被誉为“设计之王”的威廉·迈巴赫。具有传奇色彩的迈巴赫商标（图3-44）由一个球面三角形及其里面的两个交叉的M组成，这两个M是“Maybach-Motorenbau”的首字母缩写。

图3-43　梅赛德斯-奔驰商标

图3-44　迈巴赫商标

（3）斯玛特品牌

斯玛特（smart）品牌成立于1994年，管理中心设在德国斯图加特，生产工厂则在法国海姆巴赫。“smart”中的“s”代表斯沃琪（Swatch，瑞士著名手表品牌），“m”代表梅赛德斯-奔驰集团股份公司（Mercedes-Benz），而“art”在英文中是艺术的意思，合起来可以理解为该品牌的汽车代表了斯沃琪和梅赛德斯-奔驰合作的艺术。而“smart”本身在英文中也有聪明伶俐的意思，这也契合了斯玛特品牌的设计理念。斯玛特汽车拥有特殊的造型、亮丽的色彩、创意十足的内装，可以完全展现个人风格。斯玛特商标与汽车如图3-45所示。

图3-45　斯玛特商标与汽车

2. 大众汽车公司

大众汽车公司建于1937年5月，是德国最大的汽车生产公司，创始人是费迪南德·波尔舍（图3-46）。大众汽车公司包括设在德国本土的大众汽车公司和奥迪公司，以及设在美国、墨西哥、巴西、阿根廷、南非等国家的7个子公司，大众汽车公司在我国有上海大众汽车有限公司和一汽大众汽车有限公司两家合资企业。使大众汽车公司扬名的产品是甲壳虫轿车（图3-47），该车在20世纪80年代初就已生产了2 000万辆。甲壳虫轿车带来了大众汽车公司发展的第一个高峰，紧随其后的POLO、高尔夫、帕萨特、捷达等也畅销全世界。大众汽车公司总部曾迁往柏林，当前仍设在德国沃尔夫斯堡。

图3-46　费迪南德·波尔舍

大众汽车
公司与品牌

第一代甲壳虫轿车（1938 年）

第二代甲壳虫轿车（1998 年）

第三代甲壳虫轿车（2011 年）

图3-47　不同时代的甲壳虫轿车

大众汽车公司拥有多个汽车品牌，包括大众（德国）、斯堪尼亚（瑞典）、MAN（德国）、布加迪（意大利）、宾利（英国）、斯柯达（捷克）、奥迪（德国）、兰博基尼（意大利）、杜卡迪（意大利）、西亚特（西班牙）和保时捷（德国）等，其品牌图谱如图3-48所示。以下简要介绍大众、奥迪、保时捷这3个品牌。

（1）大众品牌

大众汽车于1984年开始进入中国市场，大众汽车公司是第一批在中国开展业务的国际汽车制造商之一。自进入中国市场以来，大众汽车就一直保持着在中国轿车市场中的领先地位。大众汽车的德文是“Volkswagen”，意为大众使用的汽车，其商标（图3-49）是德文单词中的两个字母V和W的组合，并嵌套在一个圆内。该商标也可以被看作3个由中指和食指做出的“V”造型，表示大众汽车公司及其产品必胜。

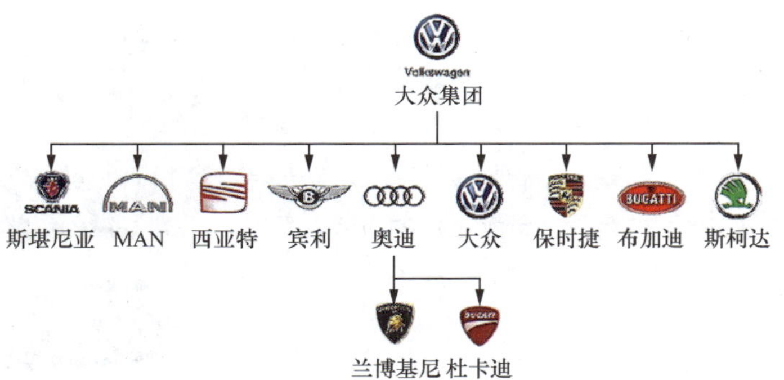

图3-48　大众汽车公司品牌图谱

（2）奥迪品牌

1899年，奥古斯特·霍希（图3-50）在科隆创建了霍希（HORCH）汽车公司。后来，由于企业管理阶层矛盾日益扩大，霍希在1909年6月离开了自己创办的汽车公司。1910年，霍希又创建了第二家霍希汽车公司，但遭到原公司的控告，法院裁定霍希新建的这家汽车公司必须更名。后来，有人将霍希译成拉丁文Audi（奥迪），于是这家新公司开始推出奥迪品牌的汽车。

1932年，奥迪、霍希、旺达尔、DKW等4家公司合并组成汽车联盟公司（即新的奥迪汽车公司），新公司的商标（图3-51）采用了四连环图案。这4个紧扣着的圆环，象征公司成员平等、互利、协作的密切关系和奋发向上的创业精神。奥迪的主要量产车系有A系列、Q系列、R系列、TT系列、S系列、RS系列，以及由A系列衍生出的Allroad系列等。奥迪A8轿车如图3-52所示。

图3-49　大众商标

图3-50　奥古斯特·霍希

图3-51　奥迪商标

（3）保时捷品牌

保时捷（PORSCHE）汽车公司成立于1930年，创建人是费迪南德·波尔舍，总部设在德国斯图加特。该公司生产的跑车和赛车在世界上很有名气。从1923年波尔舍出任戴姆勒汽车公司首席设计师起，他就一直想制造出属于自己的高性能跑车，但这个愿望一直未能实现。1948年，其子费利·波尔舍完成了他的愿望，一辆带有保时捷商标的西斯塔利亚跑车终于问世。1963年，费利·波尔舍的长子亚历山大·费迪南德·波尔舍又推出闻名于世的保时捷911跑车。2021年，第八代保时捷911车型亮相，其造型依旧保持古典风格，而这也成为保时捷911车型的一种文化传承。前七代保时捷911车型如图3-53所示。波尔舍三代人都

图3-52　奥迪A8轿车

堪称汽车设计大师，他们推出的跑车和赛车风靡全世界。

保时捷商标（图3-54）由文字“PORSCHE”和图形（斯图加特盾形市徽）两部分构成。“PORSCHE”字样在商标最上方，市徽中的“STUTTGART”说明保时捷汽车公司总部设在斯图加特；商标中间是一匹骏马，表示斯图加特这个地方盛产一种名贵骏马；商标的左上方和右下方是鹿角的图案，表示斯图加特曾是皇家的狩猎地；商标的右上方和左下方有黑色、红色和金色的条纹，黑色代表肥沃的土地，红色象征着人们的智慧和热情，黄色代表成熟的麦子。

图3-53　保时捷911车型（前七代）

图3-54　保时捷商标

3. 宝马汽车公司

1916年，卡尔·拉普和马克思·弗里茨在德国慕尼黑建立了巴依尔发动机公司，该公司于1918年更名为宝马汽车公司。20世纪50年代，宝马汽车公司经营十分困难，险些被当时强大的戴姆勒-奔驰汽车公司收购，成为戴姆勒-奔驰汽车公司的一员。好在德国匡特家族收购了宝马汽车公司46%的股份，成为宝马汽车公司最大的股东，并鼓励宝马汽车公司坚持自我发展的道路。此后宝马汽车公司相继收购了英国路虎、劳斯莱斯（Rolls-Royce）和迷你（MINI）等品牌，成为一个后起的跨国大公司，在我国主要的合资公司是华晨宝马汽车有限公司。2003年3月，宝马汽车公司将旗下的路虎品牌出售给了福特汽车公司，后路虎又辗转到印度塔塔集团旗下。目前宝马汽车公司拥有宝马（BMW）、迷你和劳斯莱斯等3个品牌，如图3-55所示。

宝马汽车公司与品牌

宝马汽车的车身造型具有鲜明的特色，圆形灯具配以矩形水箱、通风格栅，形成与众不同的“双肾”风格。宝马汽车坚持自己的传动系统风格，所有的宝马汽车都采用后轮驱动，前轮主要负责转向，以达到前后轮各50%的载荷分配，这使宝马汽车在高速转弯、直行等性能方面优于前轮驱动的汽车。宝马汽车运动气息非常浓郁，以雕塑艺术为灵感来源的宝马3系轿车如图3-56所示。

图3-55　宝马汽车公司旗下品牌

图3-56　宝马3系轿车

宝马商标（图3-57）是在圆环的上方标有“BMW”字样，这是宝马汽车公司的英文缩写。商标内圆中为蓝白两色相间的螺旋桨图案，代表在蓝天白云下不停运转的螺旋桨，既象征该公司过去在航空发动机技术方面的领先地位，又象征该公司以创新科技、先进的观念满足消费者的愿望，反映了宝马汽车公司蓬勃向上的气势和日新月异的面貌。

图3-57　宝马商标

3.3.2　法国汽车公司与品牌

1. 标致-雪铁龙汽车公司

自德国人发明汽车后，法国汽车工业的先驱者们迅速地制造汽车，完善汽车结构，创建汽车公司。1890年，法国人勒内·本哈特、埃米尔·拉瓦索和阿尔芒·标致制造了法国第一辆汽车，开创了法国汽车工业的先河。1896年，阿尔芒·标致在蒙贝利亚尔省创建了标致（PEUGEOT）汽车公司，其前身是一家锯条厂。标致汽车的商标主体是一只雄狮，该雄狮图案来自蒙贝利亚尔省创建人标致家族的徽章，该徽章也是蒙贝利亚尔省的省徽。雄狮商标最初只用于锯条，后来发生过多次演变，如图3-58所示。2021年2月，标致推出了全新商标，主体是一个壮美的狮头，外层呈盾形轮廓设计（图3-59）。雄狮商标既彰显了力量，又强调了节奏，富有时代感，喻示着标致汽车像雄狮一样威武、敏捷，永远保持旺盛的生命力。

图3-58　雄狮商标的演变

图3-59　目前的标致商标

图3-60　雪铁龙商标

1912年，安德烈·雪铁龙创建了以自己姓氏命名的雪铁龙齿轮公司，该公司于1915年更名为雪铁龙汽车公司。由于雪铁龙汽车公司的前身是雪铁龙齿轮公司，所以其商标（图3-60）主要是人字形的一对轮齿，象征人们密切合作，同心协力，步步高升。

标致-雪铁龙汽车公司与品牌

1976年，标致汽车公司与雪铁龙（CITROEN）汽车公司合作，成立了标致-雪铁龙汽车公司。1980年，标致-雪铁龙汽车公司改为标致-雪铁龙集团，旗下包括标致汽车公司、雪铁龙汽车公司和塔伯特汽车公司，在我国的合资企业品牌主要是东风标致和东风雪铁龙。

2. 雷诺汽车公司

雷诺（Renault）汽车公司由路易斯·雷诺与其兄菲尔南德·雷诺于1898年在法国比杨古

创建，并以创始人的姓氏命名。雷诺汽车公司生产的主要车型有阿尔平（Alpine）、埃斯帕斯（Espace）、梅柑娜（Megane）、风景（Scene）等。雷诺商标（图3-61）为菱形图案，象征雷诺兄弟与汽车工业融为一体，表示雷诺汽车公司能在无限的空间中竞争、生存、发展。

图3-61　雷诺商标

3.3.3　英国汽车公司与品牌

1. 劳斯莱斯汽车公司

劳斯莱斯汽车公司建立于1906年，由劳斯汽车销售公司和莱斯汽车制造公司联合而成，并以创始人查尔斯·劳斯和亨利·莱斯的姓氏命名。

劳斯莱斯的图案商标［图3-62（a）］采用ROLLS和ROYCE两个单词的首字母R叠合而成，象征着团结奋进、精诚合作、共同创业的精神；其雕塑商标如图3-62（b）所示，雕像呈飞翔姿态，意为速度之魂。

（a）图案商标

（b）雕塑商标

图3-62　劳斯莱斯商标

劳斯莱斯轿车以外形独特、性能优良而闻名于世，是当今世界最尊贵、最豪华、最气派的轿车之一。在世界车坛上享有崇高的地位，劳斯莱斯幻影如图3-63所示。

2. 捷豹路虎汽车公司

图3-63　劳斯莱斯幻影

捷豹与路虎分别在1989年和1996年被福特汽车公司收购，最终在2002年，福特汽车公司将两个品牌的业务合并，才正式有了捷豹路虎的说法。2008年，福特汽车公司急于寻求资金，就把其子品牌捷豹和路虎出售给了印度的塔塔集团。

（1）捷豹品牌

捷豹（JAGUAR）汽车公司（也称美洲虎汽车公司）始建于1922年，创始人是威廉·莱昂斯，总部设在英国的考文垂。捷豹跑车是该公司的名牌产品。捷豹跑车以其雄姿而迷倒众多车迷，受到车迷们的特殊宠爱和垂青。如捷豹XJ跑车（图3-64）在造型上继承了原捷豹跑车的特点，全车采用铝合

图3-64　捷豹XJ跑车

金打造，焕发出新的时代光彩。

捷豹目前采用的是美洲虎图案商标和雕塑商标（图3-65）。美洲虎是世界珍稀动物，这也体现了捷豹汽车公司生产的汽车的名贵和其勃勃雄心。

（a）图案商标

（b）雕塑商标

图3-65　捷豹商标

（2）路虎品牌

路虎（Land Rover）是英国越野车品牌（图3-66），曾属于英国罗孚（ROVER）汽车公司，前身是建于1884年的自行车制造厂，1904年开始生产汽车。自创始以来就始终致力于为其驾驶者提供不断完善的四驱车驾驶体验。在四驱车领域中，路虎汽车公司不仅拥有先进的核心技术，而且充满了对四驱车的热情，是被很多人认可的四驱车革新者。尽管路虎在不断改进产品，但它始终秉承其优良传统，就是将公司价值与精益设计完美地结合。路虎揽胜越野车如图3-67所示。

图3-66　路虎商标

图3-67　路虎揽胜越野车

3. 宾利汽车公司

宾利（Bentley）汽车公司于1919年8月成立，创始人是沃尔特·欧文·宾利，该公司主要生产运动型汽车。1931年，宾利汽车公司被劳斯莱斯汽车公司兼并，兼并后的宾利汽车公司也生产豪华轿车。1998年，宾利汽车公司被大众汽车集团收购。宾利Continental-GT轿车如图3-68所示。

宾利商标（图3-69）图案主要是一只展翅翱翔的雄鹰，鹰的腹部注有公司名称“BENTLEY”的首字母“B”。该鹰形商标喻示着宾利汽车公司在全球范围内的发展能力。

图3-68　宾利Continental-GT轿车

图3-69　宾利商标

4. 英国其他汽车品牌

英国还拥有其他汽车品牌，如表3-5所示。

表3-5　英国其他汽车品牌介绍

品牌名称	品牌标识	简介	代表车型照片
迷你（MINI）		奥斯汀公司于1959年推出的汽车品牌，该品牌汽车具有丰厚的历史积淀和时尚的造型，代表车型为MINI Cooper	
路特斯（Lotus）		路特斯汽车（莲花）于1948年成立，是跑车和赛车生产商，代表车型为新赛车Elise S Cup R	
名爵（MG）		名爵是英国运动汽车百年品牌，从2007年起收归上汽集团，开始焕发新生，代表车型为第三代名爵6	
阿斯顿·马丁（Aston Martin）		阿斯顿·马丁始建于1913年3月，豪华车和赛车制造商，历经7次破产重组，如今已进入新发展阶段	
迈凯伦（Mclaren）		迈凯伦是赛车制造商，创始人为布鲁斯·迈凯伦。迈凯伦对F1赛事有着巨大影响	

3.3.4　意大利汽车公司与品牌

1. 菲亚特汽车公司

FIAT（菲亚特）是意大利都灵汽车制造厂的首字母缩写，该厂建于1899年，厂址设在都灵，创始人是乔瓦尼·阿涅利。经过一个多世纪的发展，菲亚特汽车公司成为意大利规模最大的汽车公司。该公司不仅汽车产量占意大利汽车总产量的90％以上，而且还控制着阿尔法·罗密欧、蓝旗亚、玛莎拉蒂、法拉利等汽车公司，这在世界汽车工业中是罕见的。因此，菲亚特汽车公司被称为意大利汽车工业“晴雨表”。“FIAT”在英语中具有“法令”“许可”的含义，意思是在客户的心目中，菲亚特汽车具有较强的可靠性，深得客户的信赖。

菲亚特–克莱斯勒汽车公司与品牌

菲亚特汽车造型紧凑、线条简练、优雅精致、极富动感、充满活力，处处显现着热情、浪漫、灵活的风格。所以菲亚特汽车的造型一直引领着世界汽车造型的潮流。现在菲亚特汽车都采用外圆内方的商标（图3-70）。

图3–70　菲亚特商标

2. 法拉利汽车公司

法拉利（FERRARI）汽车公司是世界闻名的赛车和运动跑车的生产厂家。它创建于1929年，创始人是世界赛车冠军、划时代的汽车设计大师恩佐·法拉利（图3-71）。菲亚特汽车公司拥有该公司50％的股份，但该公司却独立于菲亚特汽车公司运营。

图3-71 恩佐·法拉利

法拉利商标（图3-72）的图案主要是一匹跃起的马，上部的绿、白、红3色是意大利国旗的颜色，底色为公司所在地摩德纳的一种金丝雀的颜色。法拉利汽车主要以红色为主，因而有人称它为“红色的跃马”或“红魔法拉利”。法拉利汽车产量很低，年产量只有4 000辆左右。

法拉利在世界车坛享有崇高的地位，法拉利跑车和赛车的最大特点是功率大，每辆车都装有一部赛车发动机。发动机最高转速可达7 000～10 000r/min，功率超过500马力（约367.5kW），最高车速可达300km/h。每一辆法拉利汽车都可以说是一件绝妙的艺术品。法拉利599型跑车如图3-73所示。

图3-72 法拉利商标

图3-73 法拉利599型跑车

3. 玛莎拉蒂汽车公司

1914年，玛莎拉蒂（Maserati）家族的四兄弟创建了玛莎拉蒂汽车公司，该公司主要生产赛车和跑车，目前为菲亚特汽车公司的子公司。

玛莎拉蒂商标（图3-74）的图案主要是一个三叉戟，相传这个兵器是罗马神话中海神纳普丘（在希腊神话中则称为波塞顿）手中的武器，它象征海神巨大无比的威力。该商标表示玛莎拉蒂汽车公司及其汽车，像浩渺无垠的大海，隐喻了玛莎拉蒂汽车快速奔驰的潜力。

图3-74 玛莎拉蒂商标

4. 兰博基尼汽车公司

兰博基尼（Lamborghini）汽车公司是一家意大利汽车生产商，是全球顶级跑车制造商。公司坐落于意大利圣亚加塔·波隆尼，由费鲁吉欧·兰博基尼在1963年创立。兰博基尼汽车公司早期由于经营不善，于1980年破产；数次易主后，于1998年归入奥迪旗下，现为大众汽车公司旗下品牌之一。

兰博基尼商标（图3-75）的图案主要是一头充满力量、正向对方进攻的斗牛，这与大功率、高性能跑车的特性相契合，同时彰显了创始人如斗牛般不甘示弱的个性。兰博基尼“蝙蝠”跑车如图3-76所示。

图3-75　兰博基尼商标

图3-76　兰博基尼“蝙蝠”跑车

5. 意大利其他汽车品牌

意大利还拥有其他汽车品牌，如表3-6所示。

表3-6　意大利其他汽车品牌介绍

品牌名称	品牌标识	简介	代表车型照片
蓝旗亚（Lancia）	LANCIA	蓝旗亚品牌建于1906年，创始人是文森佐·蓝旗亚，1969年被菲亚特汽车公司收购，蓝旗亚公司专注于高档轿车、跑车的生产	
阿尔法·罗密欧（Alfa-Romeo）	ALFA ROMEO	阿尔法·罗密欧是菲亚特汽车公司旗下品牌之一，是意大利高级轿车、跑车和赛车制造商，建于1910年	
帕加尼（Pagani）	PAGANI	帕加尼是一家世界知名的超级跑车制造商，诞生于素有“超跑之乡”美誉的意大利小镇摩德纳	

3.3.5　欧洲其他汽车公司与品牌

1. 沃尔沃汽车公司

1927年，阿瑟·加布里尔森和古斯塔夫·拉尔森在瑞典哥德堡创建了沃尔沃（VOLVO）汽车公司。2010年8月，吉利控股集团有限公司正式完成对沃尔沃汽车公司的收购，收购内容包括沃尔沃汽车公司的9个系列产品、3个平台、2 000多个全球网络，以及相关的人才和重要的供应商体系。

沃尔沃商标（图3-77）大致为一个车轮，并有指向右上方的箭头。“VOLVO”是滚滚向前的意思，寓意为沃尔沃汽车的车轮滚滚向前和公司的兴旺发达、前途无量。

图3-77　沃尔沃商标

2. 萨博汽车公司

萨博（SAAB）汽车公司创建于1937年4月。它的前身是斯文斯卡飞机有限公司（Svenska Aeroplan Aktie Bolaget，SAAB），1991年它与美国通用汽车公司合资，主要生产萨博900i、萨博9-x等轿车。

萨博商标（图3-78）的正中是一个头戴皇冠的狮身鹰首怪兽，皇冠象征着尊严、权威和高贵，半鹰半狮怪兽则象征着力量，下方则是萨博汽车公司名称缩写“SAAB”。商标整体风格一致，整齐划一，喻示着萨博汽车的高贵和显耀。

图3-78　萨博商标

3. 斯柯达汽车公司

捷克的斯柯达（SKODA）汽车制造厂建于1895年，当时是由商人克莱门特和机械师劳林合办的一家自行车厂。1905年，该厂制造出第一辆汽车，然后于1925年更名为斯柯达汽车厂。斯柯达汽车曾是欧洲知名度相当高的汽车，尤其是其柴油机载货汽车和客车深受用户欢迎。1991年，德国大众汽车公司收购了斯柯达汽车公司，但保留了斯柯达品牌。

斯柯达商标（图3-79）像一只温文尔雅的小鸟，圆环象征该厂产品无可挑剔，鸟翼象征技术进步和产品畅销全球，翅膀上的小孔代表生产的精确度和技术的灵敏性，翅膀下方的箭头表示生产方式的进步。斯柯达商标体现了斯柯达汽车的创新精神和为达到目标而奋力拼搏的大无畏气概。

ŠKODA
图3-79　斯柯达汽车商标

4. 世爵汽车公司

1898年，荷兰的世爵兄弟在阿姆斯特丹成立了一家汽车改装厂，结合自己的马车车厢制造经验，将进口的奔驰汽车加以改型，创造出一个新的产品——“世爵·奔驰”汽车。可以说，这是荷兰最早的自制汽车。世爵（SPYKER）汽车公司的历史超过百年，该公司一直保持着品牌独特的风格。他们生产的跑车全部为手工打造，多项指标采用F1赛事标准，其中的高级运动汽车完全依据客户的需求量身定制。

1915年，世爵汽车公司推出了现在的商标（图3-80），即由一个水平的飞机螺旋桨穿越镌刻公司名称和座右铭的车轮组成。之所以有一副螺旋桨，主要是因为该公司有制造飞机的历史。商标底部是企业的座右铭“NULLA TENACI INVIA EST VIA”，它的含义是“执着强悍、畅行无阻”。

图3-80　世爵商标

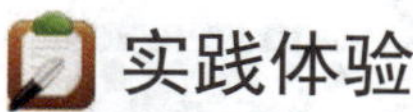

实践体验

欧洲汽车名人故事

请同学们分组若干学习小组，组内分工明确，运用所学知识，并查阅相关资料，收集任意一位欧洲汽车名人的故事，学习他们的成长经验。每组推荐一个代表，讲述所选汽车名人的成长故事，准备相关图片及视频，并分享自己的心得体会，为班级其他同学做一次励志演讲。请将本次分享的欧洲汽车名人故事的主要内容填写在表3-7中。

表3-7 欧洲汽车名人故事

人物	
生平	
主要事迹	
个人收获	

思考与练习

一、选择题

1. 大众汽车公司总部位于______。

A. 底特律　　B. 沃尔夫斯堡　　C. 慕尼黑　　D. 上海

2. 标致汽车公司的商标是______。

A. 一对人字形齿轮　　B. 三叉星　　C. 一只站立的雄狮　　D. 字母X

3. 大众汽车公司的创始人是______。

A. 费迪南德·大众　　B. 戈特利布·戴姆勒

C. 费迪南德·波尔舍　　D. 威廉·迈巴赫

4. 菲亚特汽车公司属于______。

A. 德国　　B. 瑞典　　C. 意大利　　D. 英国

5. 下列品牌中，属于英国的是______。

A. VOLVO　　B. MINI　　C. 　　D.

二、简答题

1. 德国有哪些汽车公司？有哪些汽车品牌？

2. 意大利有哪些汽车公司？有哪些汽车品牌？

3. 总结一下英国汽车品牌的特点和风格。

任务3.4 日韩汽车公司与品牌

学习目标

知识目标	能力目标	素养目标
• 了解日本汽车公司的发展及其旗下品牌； • 了解韩国汽车公司的发展及其旗下品牌。	• 能总结日韩汽车公司的发展历程； • 能形成对日韩汽车品牌的整体认知； • 能领会日韩汽车品牌价值。	• 培养自主学习和归纳能力； • 培养沟通与协调能力； • 培养汽车鉴赏能力。

相关知识

日韩汽车良好的使用经济性和较高的性价比使其赢得了广大消费者的喜爱。其中日本的汽车工业起步于20世纪50年代，1980年，日本汽车总产量首次突破1 000万辆大关，成为继美国之后的世界汽车工业大国。到了20世纪90年代，随着世界经济重心向亚洲转移，韩国、印度等其他亚洲国家的汽车工业也进入了迅猛发展的时期。

3.4.1 日本汽车公司与品牌

1. 丰田汽车公司

丰田（TOYOTA）汽车公司的前身是在丰田自动织布机制作所设立的汽车部。1937年8月，该汽车部正式独立为丰田汽车工业公司。1982年7月，丰田汽车工业公司和丰田汽车销售公司合并为丰田汽车公司，总部设在日本爱知县丰田市。丰田汽车公司在我国主要有天津一汽丰田汽车有限公司和广汽丰田汽车有限公司两家合资企业，主要生产凯美瑞、卡罗拉、亚洲龙、RAV4（荣放）、汉兰达、普拉多、雷凌、威驰、雷克萨斯等车型。

丰田喜一郎（1894—1952年，图3-81）是丰田汽车公司的创始人，制造了日本的第一辆汽车，是日本汽车工业的先驱，是“丰田生产方式”的奠基人，被誉为“日本汽车之父”。丰田喜一郎对汽车工业的重大贡献在于对生产过程的科学管理。他创造的“丰田生产方式”，将传统的整批生产方式改为弹性生产方式。他主张“工人每天只完成必要的工作量”“恰好赶上”，以减少零部件库存。丰田汽车公司这个在日本偏僻小镇崛起的汽车公司，已经成为世界汽车工业大舞台上的主角之一。

丰田汽车公司与品牌

（1）丰田品牌

20世纪80年代后期，丰田汽车公司的商标改成3个椭圆（图3-82）。外边的大椭圆表示地球，大椭圆内的一个横向椭圆和一个纵向椭圆构成一个“T”字，是TOYOTA的第一个字母，代表丰田汽车公司。该商标富有动感，表示丰田汽车公司在世界上永远发展。其内涵正如该公司所解释的：它象征着丰田立足于未来，彰显丰田对未来的信心和雄心；它象征着丰田置身于客户，强调丰田对客户的保证；它象征着丰田技术的先进和革新的潜力。

图3-81　丰田喜一郎

图3-82　丰田汽车公司的商标

卡罗拉轿车是丰田车系中的代表车型。该车型自从1966年成功推出后，在50多年里历经12代畅销不衰，行销世界超过140个国家和地区，累计销量超过5 000万辆，创造了单一品牌车型累计销量第一的世界纪录。2019年，第12代卡罗拉轿车正式上市（图3-83），相比于前几代，第12代卡罗拉轿车多了一些张扬的气息，看起来更具运动感。

（2）雷克萨斯品牌

雷克萨斯是丰田汽车公司旗下的豪华轿车品牌，雷克萨斯的名称寓意着奢华与尖端科技。雷克萨斯（Lexus）的名字来源于英语单词“Luxury”（豪华），使人联想到该品牌的车是豪华轿车。雷克萨斯商标（图3-84）采用车名“Lexus”首字母“L”的大写，“L”的外面用一个椭圆将其包裹。这个椭圆代表着地球，表示雷克萨斯轿车遍布全世界。

图3-83　第12代卡罗拉轿车

图3-84　雷克萨斯商标

2. 日产汽车公司

日产（NISSAN）汽车公司也称尼桑汽车公司。1933年，日本户烟铸造公司与日本产业公司合资建立汽车制造公司，该公司于1934年更名为日产汽车公司。“日产”是日本产业的简称。2009年8月，日产汽车公司宣布将总部迁回公司创始地日本横滨。1999年3月，日产汽车公司与法国雷诺汽车公司签订了全面的联盟协定，旨在提高日产汽车公司的财政地位和品牌知名度，与法国雷诺汽车公司实现技术共享，获得双赢，并使自身能够在21世纪的全球汽车市场上有效地参与竞争。

日产–雷诺
汽车公司与品牌

（1）日产品牌

日产商标（图3-85）是将“NISSAN”（日产）放在象征太阳的圆上，

以对公司名称进行突出。日产汽车公司在我国主要的合资企业是东风日产乘用车公司，主要生产轩逸、骐达、天籁、逍客、奇骏及英菲尼迪等车型。日产轩逸如图3-86所示。

图3–85　日产商标

图3–86　日产轩逸

（2）英菲尼迪品牌

1989年11月，日产汽车公司的豪华品牌英菲尼迪（INFINITI）在北美首次面世。几年之内，英菲尼迪迅速成为北美豪华车市场上最重要的品牌之一。英菲尼迪的椭圆形商标（图3-87）展现的是一条无限延伸的道路。椭圆代表无限扩张之意，也象征着“全世界”；两条直线代表通往巅峰的道路，象征无尽的发展。英菲尼迪的商标和名称象征着英菲尼迪品牌的一种永无止境的追求，那就是创造有全球竞争力的真正的豪华车用户体验和最高的客户满意度。

图3–87　英菲尼迪汽车商标

3. 本田技研工业株式会社

本田（HONDA）技研工业株式会社是世界上最大的摩托车生产厂家，其汽车产量和规模也名列世界十大汽车厂家之列。其前身是本田技术研究所，于1948年由本田宗一郎（图3-88）创建，本田宗一郎以姓氏对公司进行命名。公司总部设在东京，雇员总数为20万人左右。现在，本田技研工业株式会社已是一个主要进行汽车、摩托车生产销售的跨国集团。

本田技研工业株式会社与品牌

（1）本田品牌

本田商标（图3-89）采用HONDA的首字母H作为主体，字母H周围用方框围着，这体现了本田技术创新、团结向上、经营有力的品牌理念。本田技研工业株式会社在我国主要的合资企业是东风本田汽车有限公司和广州本田汽车有限公司，主要生产雅阁、思域、风范、飞度、CRV等车型。本田雅阁轿车如图3-90所示。

图3–88　本田宗一郎

图3–89　本田商标

（2）讴歌品牌

讴歌（ACURA）创立于1986年，过去我们也称之为“阿库拉”。讴歌品牌的汽车一直作为本田汽车公司的豪华和准豪华车型在北美市场销售。ACURA一词是拼构出来的，意味着“精确”（Accuracy），体现了讴歌追求“精确”的精神。讴歌商标（图3-91）中的“A”被设计成一个卡钳样式（专门用于精确测量），这也可以被看作本田商标中“H”的一种变形。

图3-90　本田雅阁轿车

图3-91　讴歌商标

4. 马自达汽车公司

马自达（Mazda）汽车公司的前身是1920年创建的东京软木工业公司，创建人是松田重次郎，Mazda为“松田”的日语拼音。1982年，公司更名为马自达汽车公司，主要生产马自达929、马自达323、马自达M6等车型。马自达汽车公司是至今还坚持生产装用转子发动机的轿车的公司，甚至可以说，安装了转子发动机的汽车才是一辆真正带有马自达基因的汽车（图3-92）。

目前，马自达商标（图3-93）采用飞鹰图案，这意味着马自达汽车公司展翅高飞，勇闯车坛。马自达汽车公司在我国的合资企业主要是长安马自达汽车有限公司，主要生产昂克赛拉、CX-5、CX-8等车型。

图3-92　马自达转子发动机汽车

图3-93　马自达商标

5. 三菱汽车公司

三菱（Mitsubishi）汽车公司的前身是岩崎弥太郎创建的九十九商会，1873年，九十九商会改称为三菱商会。1970年，三菱汽车公司从三菱集团中独立出来。三菱商标（图3-94）由岩崎家族的标志“三段菱”逐渐演变而来。三菱汽车公司以3枚菱形钻石为商标，体现公司的3个原则：承担对社会的共同责任，诚实与公平，通过贸易促进国际谅解与协作。这个商标也凸显了三菱汽车公司菱钻式的造车艺术。三菱帕杰罗如图3-95所示。

图3–94　三菱商标

图3–95　三菱帕杰罗

6. 斯巴鲁汽车公司

斯巴鲁（Subaru）汽车公司是日本一家机械制造商，成立于1953年。斯巴鲁汽车公司隶属于富士重工业株式会社，不仅生产汽车，同时也制造飞机和各种发动机，但最为出色的还是汽车制造。

斯巴鲁汽车公司的商标（图3-96）是昴宿星团的六连星（昴宿为中国古代天文学中的二十八宿之一）。六连星商标代表着5个独立的公司汇聚在一起，组成了现今的斯巴鲁汽车公司。斯巴鲁汽车拥有独特的技术，如水平对置发动机（图3-97）和全时四轮驱动系统。其主要车型有力狮、傲虎、翼豹和森林人等。

图3–96　斯巴鲁商标

图3–97　斯巴鲁汽车的水平对置发动机

7. 铃木汽车公司

铃木（SUZUKI）是日本人的一个姓氏。铃木汽车公司成立于1920年，1952年开始生产摩托车，1955年开始生产汽车，以生产微型汽车为主。1984年，铃木汽车公司首次进入中国市场，它也是最早进入中国市场的日本汽车公司之一，其在中国生产的主要车型有奥拓、雨燕、天语和羚羊等。后来由于产品销量大幅下滑，在2018年8月，铃木汽车公司解除与长安汽车股份有限公司的合资关系，退出中国汽车市场，集中精力发展印度市场。

图3–98　铃木商标

铃木商标（图3-98）中的“S”是SUZUKI的首字母，它给人以无穷力量的感觉，象征无限发展的铃木汽车公司。铃木汽车公司向全世界的客户提供优质产品，并且向使用铃木产品的客户提供优质服务，以实现公司与客户建立终生信赖的关系为目标。

3.4.2　韩国汽车公司与品牌

1. 现代汽车公司

现代（Hyundai）汽车公司成立于1967年，创始人是韩国历史上富有传奇色彩的商人郑周永（图3-99）。与全球其他领先的汽车公司相比，现代汽车公司历史虽短，却浓缩了汽车工业的发展史。它从建立工厂到能够独立自主开发车型仅用了18年（1967—1985年），最终成为韩国最大的汽车公司，并跻身全球汽车公司20强。现代汽车公司旗下的主要车型包括索纳塔、伊兰特、胜达和途胜等，现代汽车公司在我国主要的合资企业是北京现代汽车有限公司。

现代商标（图3-100）主要为Hyundai的首字母H，该商标与本田商标的区别在于它用的H为斜花体，且在H外边用椭圆包围着，这象征现代汽车遍及全球。

图3-99　郑周永

图3-100　现代商标

2. 起亚汽车公司

起亚汽车公司成立于1944年，是韩国最早的汽车制造商之一，现在隶属于现代集团。起亚汽车公司作为韩国汽车工业的先驱，为韩国跻身世界五大汽车生产国发挥了积极的作用。起亚汽车公司的国外业务约占60%，它拥有完善的乘用车和商用车生产线，具有年产100万辆汽车的生产能力。“起亚”二字寓意“起于亚洲”或“亚洲崛起”。2000年，起亚汽车公司并入现代汽车公司，组成现代-起亚汽车集团。

2021年，现代-起亚汽车集团开始致力于突破传统汽车制造商的定位，转型成为移动出行服务商，并启用全新商标。原商标［图3-101（a）］以红色为中心，使用椭圆和英文，是从1994年开始使用的。新商标［图3-101（b）］采用了均衡（Symmetry）、节奏（Rhythm）和上升（Rising）3种设计理念。“均衡”意味着创造新的消费者体验的自信，“节奏”意味着不断移动和变化的姿态，“上升”意味着跃升为新品牌的热情。

（a）原商标

（b）新商标

图3-101　起亚汽车的商标

实践体验

了解塔塔集团与品牌

随着世界经济重心向亚洲转移，印度的汽车工业也进入了迅猛发展的时期。其中以塔塔（Tata Motors）集团为杰出代表，它是印度最大的综合性汽车公司，占有印度汽车市场50%以上的份额。请同学们查阅资料，搜集相关信息，自主学习一些有关塔塔集团的知识，了解塔塔集团的企业文化和品牌文化，并在同学间分享自己的学习心得。请将本次实践的主要内容填写在表3-8中。

表3-8 塔塔集团与品牌简介

品牌商标	TATA	商标含义	
品牌发展历程			
创始人简介			

思考与练习

一、选择题

1. 被称为“日本汽车之父”的人是______。

A. 本田宗一郎　B. 松田重次郎　C. 丰田喜一郎　D. 岩崎弥太郎

2. 现代–起亚汽车集团属于____。

A. 德国　B. 法国　C. 意大利　D. 韩国

3. 雷克萨斯的英文名是______。

A. Luxury　B. Lexus　C. Lesus　D. Luxus

4.下列汽车品牌中，不属于日本的是______。

A.　B.　C.　D.

5. 日本的______汽车因安装使用水平对置发动机而闻名于世。

A. 斯巴鲁　B. 马自达　C. 雷克萨斯　D. 本田

二、简答题

1. 日本汽车公司有哪些？简述其下属的汽车品牌。

2. 韩国汽车公司有哪些？简述其下属的汽车品牌

3. 总结一下日本汽车品牌的特点。

项目 4

汽车外形与设计

在汽车诞生后的100多年里，汽车无论是从车身造型，还是从动力源、底盘或电气设备来讲，都有很大的变化。这些变化中最富特色、最具直观感的当数车身外形和色彩的演变。汽车已经不再只是现代化的交通工具，俨然已成为流动的艺术品。而这些变化都始于设计，终于制造。随着汽车工业的发展，汽车在加工和技术方面几乎没有差别，因而在各汽车品牌之间最重要的区分标准就变成了设计。

任务4.1 汽车的设计与制造

学习目标

知识目标	能力目标	素养目标
• 了解汽车的设计过程； • 掌握新车需要经过哪些试验； • 了解汽车的制造过程。	• 能总结汽车设计的主要内容； • 能分析新车测试的内容和指标； • 能掌握汽车制造过程中的四大工艺。	• 培养自主学习和归纳能力； • 培养沟通与协调能力； • 培养汽车鉴赏能力； • 培养对中国制造的自豪感。

相关知识

汽车的设计与制造是一个很复杂的系统工程，需要投入大量的人力和物力。一款汽车从研发到投入市场一般需要5年左右的时间。这个过程中涉及许多基础理论及专业知识的运用，不过随着技术的不断进步，汽车的研发周期也在逐渐缩短。今天我们简要了解一下汽车的设计与制造过程。

4.1.1 汽车设计的定义与要求

说到汽车设计，很多人首先想到的是外观设计，的确用户对汽车的感知都是从外观开始的，一旦汽车外观给用户留下好的印象，那么汽车设计基本就成功了一半。但外观设计只是汽车设计的一部分，而并非全部。

1. 汽车设计的定义

汽车设计是根据汽车整体设计的要求，通过对汽车用户的消费心理、生活形态的研究及对汽车整车总布置、结构、工艺等限定因素的分析和理解，对汽车内、外部形态及色彩与质感进行全新设计，使用户能够感受到汽车的实用性、美感、质量等特征，从而实现汽车销售、提升品牌形象的过程。

2. 汽车设计的要求

汽车设计的最终任务是使所设计的产品达到设计任务书所规定的整车参数和性能指标的要求，并将这些整车参数和性能指标分解为有关总成的参数和功能。汽车设计的要求如下。

（1）实现标准化、通用化和系列化

由于汽车生产量大，品种及型号多，因此汽车设计要实现零件标准化、部件通用化和产品系列化，其目的是实现批量化生产，提高工效，保证产品质量，降低生产成本，减少配件品种，方便维修。

（2）考虑使用条件的复杂多变

为了使汽车具有竞争力，设计人员在设计时就要充分考虑汽车对复杂多变的使用条件的适应性。特别应注意热带、寒带等不同的气候条件和高原、山地、丘陵等不同的地理条件，以及燃料供应、维修能力等不同的使用条件对汽车结构、性能、材料、附件等的特殊要求。

（3）重视汽车使用中的安全、可靠、经济与环保

良好的使用性能是汽车设计人员要追求的目标，不同的汽车，其使用性能也是不同的，而且某些使用性能有时是相互矛盾的。因此，设计人员要在给定的使用条件下协调各使用性能的要求，优化各使用性能指标，使汽车在该使用条件下的综合使用性能达到最优。设计人员特别要重视汽车使用中的安全、可靠、经济与环保等方面的性能。

（4）车身设计既重视工程要求，又注重外观造型

汽车车身的外形及色彩是汽车给人的第一印象，是人们评价汽车最直接的方面，也是汽车的重要市场竞争因素，是汽车设计中非常重要的内容。车身设计既是工程设计，又是美工设计。从工程设计的角度来看，汽车车身既要满足结构的强度要求、整车布置的匹配要求和冲压分块的工艺要求，又要适应车身的空气动力学的要求，还要具有尽可能小的空气阻力系数。从美工设计的角度来看，汽车车身应当适应时代的特点和人们的爱好，设计人员要像对待工艺品那样进行美工设计，使汽车给人以高度美感。

（5）在保证可靠性的前提下，尽量减小汽车的自身质量

和固定的机械设备不同，用于运输的汽车，其自身质量直接影响其燃油经济性。和单件生产/小批量生产的产品不同，对于大批量生产的汽车，减小其自身质量可节约大量的制造材料，降低生产成本。合理地减小汽车的自身质量，会给汽车制造业和汽车运输业带来巨大的经济效益。

（6）设计要在有关标准和法规的指导下进行

除设计图纸的绘制与标注应按有关国家标准进行外，汽车设计还应遵守与汽车有关的一些标准与法规。中国汽车工业标准包括与国际基本通用的汽车标准和为宏观控制汽车产品性能和质量的标准，它包括国家标准、行业标准和企业标准。每个标准都有标准号，标准号至少由标准的代号、编号、发布年代3部分组成。

汽车标准又分为强制性标准和推荐性标准。强制性国家标准的代号是GB，含有强制性条文及推荐性条文，如《机动车辆　间接视野装置　性能和安装要求》（GB 15084—2022）。强制性标准具有法律层面的意义。推荐性国家标准的代号是GB/T，“T”是推荐的意思，只有参考意义，如《正面安全气囊　离位乘员保护技术要求》（GB/T 37437—2019）。推荐性标准没有法律层面的意义，但是推荐性标准一经接受并采用，或各方商定同意纳入经济合同中，就具有法律上的约束性。

4.1.2 汽车的设计过程

汽车的设计过程主要包括市场调研阶段、概念设计阶段、工程设计阶段和样车试验阶段。

1. 市场调研阶段

汽车设计的第一步是市场调研，这一步是非常重要的。市场调研结果是指导后面设计工作的方针，直接决定要设计一款什么样的车及这款车的定位，如这款车的使用人群是哪些、大致价位是多少、有多少个座椅、有几扇门、车身尺寸如何、竞品车型有哪些等。同时市场调研结果还要有一定的预见性，以保证该款车在未来的几年内不会过时，保证其制造出来后能被消费者接受。如果市场调研结果有偏差，或其预见性不够，那么新车推向市场时可能就会受冷落。有些车上市后销售惨淡，就是因为前期的市场调研做得不好。

2. 概念设计阶段

市场调研结束，汽车的基本需求也就确定了，接下来就要做具体的设计工作。

（1）总体方案设计

汽车的总体方案设计包括：车厢及驾驶室的布置，发动机与离合器及变速器的布置，传动轴的布置，车架和承载式车身底板的布置，前后悬架的布置，制动系统的布置，油箱、备胎和行李舱等的布置，空调装置的布置，等等。

（2）造型设计

在完成了总体方案设计以后，就可以在确定的基本尺寸的基础上进行造型设计了。造型设计包括外形设计和内饰设计两部分。绘制设计草图是设计人员快速捕捉创意的最好方法。最初的设计草图都比较简单，其中也许只有几根线条，但是能够勾勒出汽车造型的神韵。设计人员通过绘制大量的设计草图来尽可能多地提出新的创意（图4-1）。要设计的这款车的风格到底是简洁还是复杂，是复古还是现代，都是在此阶段确定的。

（3）制作油泥模型

当设计草图确定好后，设计人员还要绘制更细致的效果图。现在设计人员可以先借助计算机绘制非常逼真的效果图，然后根据审查通过后的效果图制作小尺寸模型，一般制作1：5的油泥模型，也就是相当于真车1/5大小的汽车模型，并将其放到风洞中测试，由此可获得一些基本的空气动力学数据，然后根据这些数据不断地修改模型的细节。当小尺寸模型通过审查后，再制作全尺寸油泥模型（图4-2），仍然将其放到风洞中进行空气动力学测试，此时得到的数据会更加详细，设计人员根据这些数据不断修改模型，可使其达到所要求的低风阻、高稳定性。

图4-1　设计草图

图4-2　全尺寸油泥模型

（4）内饰设计

在外形设计完成之后，接下来要做好内饰设计。汽车内饰设计仍然从绘制设计草图（图4-3）、效果图开始，也要制作内饰的油泥模型，并不断进行测试与修改。汽车内饰不仅要美观、个性，更重要的是要充分体现人性化，要严格符合人机工程学的要求，具体表现为车内各种操作都要符合人们的心理和生理特点，符合人们的正常使用习惯，常用按键要做到触手可及。有些座椅坐起来不舒适，有些按键操作起来很别扭，这都是因为汽车内饰设计没有满足人机工程学的要求。另外还要做好内饰色彩的搭配，让人坐在车内感觉良好，舒适而安逸，但内饰色彩不能影响驾驶员的视线，更不能影响驾驶安全。

图4–3　汽车内饰设计草图

3. 工程设计阶段

在完成概念设计后，开始进入工程设计阶段。工程设计是一个对整车进行细化设计的过程，各个总成分发到相关部门分别进行设计开发，因此工程设计也叫作“就车匹配”。这些机械部件必须配合车身造型和车身尺寸。更为重要的是，这些机械部件的位置安排、质量分布等，都会影响汽车的动力性能和操控性能，进而影响汽车的安全性能，因此设计人员必须考虑得非常周全。所以，不论是材料的选择、结构设计、车身的强度与刚度、零部件的耐用度，设计人员都要精心安排。可以说，机械部件与整车之间的匹配，是汽车设计中的重中之重。有些品牌的汽车，使用的零部件并不比其他品牌的差，但其性能就是不如其他品牌，原因就在这里。

4. 样车试验阶段

样车的试验形式主要有风洞试验、试验场测试、道路测试、碰撞试验等。

（1）风洞试验

在概念设计阶段设计人员会对油泥模型进行初步的风洞试验（图4-4），以获得一些基本的空气动力学数据，样车制作好后还会做进一步测试。

（2）试验场测试

很多汽车企业都有自己的试验场（图4-5），试验场的不同路段分别用于模拟不同路况，有沙石路、雨水路、搓板路、爬坡路等。

图4–4　风洞试验

图4–5　上海大众汽车试验场一角

（3）道路测试

道路测试是样车试验最重要的部分，通常要在各种不同的环境中进行。在我国，北到黑龙江、南到海南岛都要进行道路测试，以测定汽车在不同气候条件下的行驶性能及可靠性。道路测试是比较复杂的，包括在高速路、沙尘路、水泥路、冰雪路（图4-6）等道路上进行的测试。

（4）碰撞试验

碰撞试验主要测试汽车的结构强度（图4-7），新车在上市前，要经过很多次碰撞试验。碰撞试验主要是通过各种传感器考查碰撞对人体模型的伤害，从而有针对性地对新车进行加强设计。

图4-6　冰雪路测试

图4-7　碰撞试验

样车试验完成以后，新车的各方面设计基本得到确认，然后进入小批量试制阶段。

4.1.3　汽车的制造过程

汽车的设计结束后，接下来汽车就要在汽车制造厂里批量生产了。严格来说，汽车制造厂应该叫作汽车总装厂。因为世界上任何一个汽车制造厂不可能自己生产所有的汽车零部件，很大一部分汽车零部件是要对外采购的。汽车制造过程包括汽车组装的四大工艺，即冲压工艺、焊装工艺、涂装工艺和总装工艺。

1. 冲压工艺

冲压是所有工序的第一步，冲压车间如图4-8所示。工人先用切割机把钢板切割成合适的大小，但这个时候一般只进行冲孔、切边之类的操作，然后进入真正的冲压成形工序。每一个工件都有一个模具，只要把各种各样的模具装到冲压机床上就可以冲压出各种各样的工件。模具的作用是非常大的，模具的质量直接决定着工件的质量。

图4-8　冲压车间

2. 焊装工艺

焊装是指将冲压成形的车身板件焊接在一起，组成一个完整的车身。因为不可能直接冲压成形一个完整的车身，所以只能先分块冲压，然后将它们焊接在一起。一个完整的车身大约是由几十个小冲压件焊接而成的。在现在的汽车生产线上，焊装工艺已经实现了自动化，焊装机器人（图4-9）可自动作业，只有一些小的零部件才在分线上由人工焊接，这样可降低劳动强度，提高生产效率。

3. 涂装工艺

涂装有两个重要作用，第一是使车身防腐蚀，第二是使车身更美观。涂装工艺（图4-10）比较复杂，技术要求比较高。涂装工艺主要包括漆前预处理和底漆工艺、喷漆工艺、烘干工艺等，整个过程需要进行大量的化学试剂处理和精细的工艺参数控制，对油漆材料及各种加工设备的要求都很高。原有的涂装工艺中以使用油性漆为主，油性漆中存在着大量的VOC（Volatile Organic Compound，挥发性有机物），带来的环境污染非常严重。因此水性漆工艺会逐渐取代传统的油性漆工艺，更加环保的水性漆工艺已经成了汽车涂装工艺的主流。

图4-9　焊装机器人

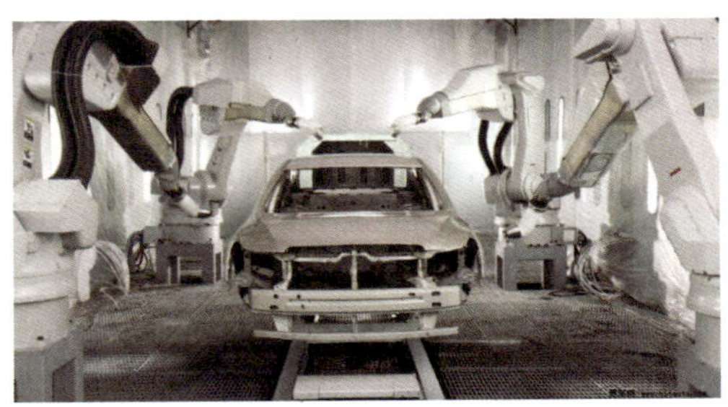

图4-10　涂装工艺

4. 总装工艺

总装就是把车身、发动机、变速器、仪表板、车灯、座椅等各零部件安装组合到一起（图4-11）。总装工艺的水平直接影响到汽车的性能，我们会看到有些汽车钣金件的接缝比较均匀，而有些汽车钣金件的接缝不均匀，这都是与总装工艺关系比较大的。

图4-11　总装工艺

20世纪90年代末兴起的组合单元化，即模块化装配方式的采用，使得总装生产线上的工序得到简化，生产线缩短，成本大幅度降低。一般的总装车间主要有四大模块，即前围装配模块、仪表板装配模块、车灯装配模块、底盘装配模块。经过各模块装配和各零部件的安装后，再经过车轮定位、车灯视野检测等检验调整后，整辆车就可以下线了。

实践体验

了解汽车试验

汽车试验包括两个方面：性能试验和可靠性试验。性能试验，顾名思义，主要是对一些功能进行测试，看其是否符合设计要求；可靠性试验主要验证汽车的强度及耐久性。请同学们查阅资料，运用所学知识，拓展学习范围，整理有关汽车试验的知识，并将表4-1补充完整。

表4-1　汽车试验形式比较

汽车试验形式	主要目的
风洞试验	

思考与练习

一、选择题

1. 一款汽车从研发到投入市场一般需要______年左右。

A. 3　B. 5　C. 10　D. 15

2. 下列说法中，属于汽车设计的需求的是_____。

A. 实现零件标准化、部件通用化和产品系列化

B. 在保证可靠性的前提下尽量减小汽车的自身质量

C. 设计要在有关标准和法规的指导下进行

D. 以上答案都正确

3. 汽车的设计过程主要分为_____个阶段。

A. 3　B. 4　C. 5　D. 不一定

4. _____是汽车的制造过程中的最后一道工艺。

A. 冲压　B. 焊装　C. 涂装　D. 总装

5. 关于汽车的内饰设计，下列说法错误的是_____。

A. 在外部造型设计完成之后，才能进行内饰设计

B. 汽车内饰设计不需要制作油泥模型

C. 汽车内饰设计需要画设计草图

D. 内饰设计要严格按照人机工程学来设计每个操作部件

二、简答题

1. 什么是汽车的碰撞试验？

2. 汽车的设计过程包括哪几个阶段？

3. 汽车的制造过程包括哪些工艺？

任务4.2 汽车外形

学习目标

知识目标	能力目标	素养目标
• 了解影响汽车外形的要素； • 了解汽车外形的演变过程； • 了解汽车外形未来的发展方向。	• 能分析影响汽车外形的要素； • 能总结汽车外形的演变过程； • 能分析汽车外形未来的发展方向。	• 培养自主学习和归纳能力； • 培养沟通与协调能力； • 培养汽车鉴赏能力。

相关知识

随着汽车制造技术的不断进步，以及人们审美和欣赏能力的不断提升，汽车外形由最初的箱形向多种多样的流线型演变。在这个发展过程中，工程师们不断地协调着材料、结构、工艺、技术与造型美及形式之间的关系，使设计出来的汽车既符合功能要求，又符合人的审美要求。下面我们简要回顾一下100多年来汽车外形的发展。

4.2.1 影响汽车外形的要素

影响汽车外形的要素主要有3个，即机械工程学、人机工程学和空气动力学。前两个要素在决定汽车构造的基本骨架上具有重要意义，特别是在设计初期，汽车外形受这两个要素的影响更大。

汽车最主要的是能够行驶和耐用。以此为前提，汽车设计首先必须符合机械工程学的要求，包括发动机、变速器内部结构设计。要使汽车具有行驶功能，工程师必须为汽车安装发动机、变速器、车轮、制动器、散热器等装置，而且要考虑把这些装置安装在车体的哪个部位才能使汽车更好地行驶。这些设计确定之后，工程师可根据发动机、变速器的大小和驱动形式确定大致的车身骨架。如果是大量生产的汽车，则要强调降低成本，车身钣金件冲压加工的简易化，同时兼顾维修简便性，即发生撞车事故后，车身要易于修复。

其次汽车设计要符合人机工程学的要求。因为汽车是由人驾驶的，所以必须保证汽车的安全性和舒适性。首先应确保驾乘人员有足够的空间，保证驾驶方便、乘坐舒适，并尽量扩大驾驶员的视野。此外，还要考虑驾乘人员上下车的方便性并减少振动。

高速行驶的汽车，肯定会受到空气阻力。空气阻力的大小，大致与车速的平方成比例增加。因此，必须在车身外形上下功夫，尽量减小空气阻力。空气阻力分为由汽车横截面面积所决定的迎风阻力和由车身外形所决定的形状阻力。除空气阻力外，还有升力问题和横向风不稳定问题。这些都是与汽车造型密切相关的空气动力学问题。

在一辆汽车的设计制造中综合考虑上述3个要素是相当困难的。比如，仅仅考虑使汽车能行驶，即机械工程学要素，就可能把座席置于发动机上面，但驾驶员就会操作不便。如果把汽车设计得像一座装有4个轮子的住宅，汽车虽然宽敞、舒适，但空气阻力太大，不可能高速行驶。如果把汽车的外形设计成皮艇那样，空气阻力虽然很小，但车内的空间也很小。尽管困难很多，但自汽车问世以来，人们就一直在追求尽可能满足更多功能要求的理想汽车造型。

当然，汽车制造并不仅仅需要考虑上述3个要素，还要考虑其他要素。例如，商品学对汽车的设计就有一定的影响。从制造厂商的角度出发，汽车的外形能强烈刺激顾客的购买欲是最为有利的。但是无视前面所述的3个要素，设计单纯取悦于顾客的汽车造型不是长久之策，这类汽车终究要被淘汰。

4.2.2 汽车外形的演变

汽车的演变

汽车外形经历了马车形、箱形、甲壳虫形、船形、鱼形和楔形等的演变过程。

1. 马车形汽车

早期的汽车被称为“无马的马车”，因为当时的汽车车身基本沿用马车的形状，只是在马车的基础上把马换成了发动机而已，因此也被称为马车形汽车（图4-12）。当时的马车形汽车的车身与我国古时的兵车车身并无本质上的区别，不过是在一种箱形结构中加上座椅，车身上部或为敞篷或为活动篷布，这样的车身难以抵挡较强烈的风雨，给乘坐者带来了极大的不便。

2. 箱形汽车

由于马车形汽车很难抵挡风雨的侵袭，1915年，福特汽车公司生产了一种新车型——T形汽车。它很像一个大箱子，箱子上部装有门窗，这实际上只是在原来的马车车身上做了局部的改进，人们把这类汽车称为箱形汽车（图4-13）。因这类汽车的造型酷似人们用于结伴出游和其他一些场合的“轿子”，所以它在商品目录中被命名为“轿车”。

图4-12 马车形汽车

图4-13 箱形汽车

说起箱形汽车，不由让人想到现在的客车（图4-14），现在的客车不论是豪华型还是普通型，也不论车身内饰和外形如何变化，供乘客使用的空间仍然是一个箱形空间。也就是说，箱形车身延续至今仍然有着强大的生命力。

箱形汽车重视人机工程学，内部空间大、乘坐舒适，有“活动房间”的美称。但是人们使用汽车通常是为了能更快地到达目的地，所以不断地发展相应的技术来提高车速，然而随着车速的提高，空气阻力大的问题暴露了出来。因此，人们又开始了新的研究——流线型车身。

图4-14 现代客车的箱形车身

3. 甲壳虫形汽车

由于箱形汽车的空气阻力大，影响车速，人们才逐渐认识到了减小空气阻力的重要性。最佳的方案是采用流线型车身，流线型是指空气流过时不产生旋涡的理想形状，流线型设计的典型应用是飞机的机翼。但是将汽车外形设计成绝对的流线型是不现实的，目前汽车的外形均是流线型的变化型。

1934年，美国的克莱斯勒公司生产的气流牌小客车（图4-15）问世，该车首次采用了流线型的车身外形。此车的散热器罩设计精美，颇具动感，整个车身在俯视状态下呈纺锤形，很有特色。

流线型车身的大量生产从大众汽车公司开始。1933年，波尔舍设计了一种类似甲壳虫外形的汽车（图4-16），并于1949年开始大量投产。波尔舍把甲壳虫的自然美如实地、巧妙地运用到车身造型上，甲壳虫形汽车车身迎风阻力很小，空气动力学的原理在这种车身上得到了很好的应用，也为以后在车身外形设计上运用仿生学的原理开了先河。波尔舍最大限度地发挥了甲壳虫外形的长处，使甲壳虫形汽车成为同类车中的佼佼者，“甲壳虫”也成为该车的代名词。目前，大众汽车公司仍在生产这种车身形状的乘用车（图4-17）。但是甲壳虫形汽车也有缺点：一是乘员活动空间狭小，二是存在横向风不稳定问题。

图4-15 气流牌小客车

图4-16 早期的甲壳虫形汽车

图4-17 现代甲壳虫形汽车

4. 船形汽车

福特汽车公司经过几年的努力，于1949年推出具有历史意义的福特V8型汽车（图4-18）。该车的车型不同于以往的汽车造型，其前翼子板和发动机罩、后翼子板和行李舱罩融于一体，前照灯和散热器罩形成一个平滑的面，车室位于车的中部，整个车身造型宛如几个长方体拼成的一条船，所以人们把这类车称为船形汽车。

图4-18 福特V8型汽车

福特V8型汽车不仅在外形上有所突破，还是首先把人机工程学的原理应用在汽车的设计上的车型，强调以人为主体来设计便于操纵、乘坐舒服的汽车。由于船形汽车的发动机前置，所以汽车重心相对前移，而且加大了行李舱，使风压中心位于汽车重心之后，从而避免了甲壳虫形汽车存在的横向风不稳定的问题。从20世纪50年代至今，无论是在轿车的前翼子板与发动机罩之间以大圆角过渡或者在轿车尾部做变动，我们都能看到船形车身的影子。

5. 鱼形汽车

船形汽车尾部过分向后伸出，形呈阶梯状，因此船形汽车在高速行驶时会产生较强的空气涡流。为了克服这一缺陷，人们把船形汽车的后风窗玻璃逐渐倾斜，倾斜到极限即成为斜背式后风窗。由于斜背式后风窗像鱼的脊背，所以这类车被称为鱼形汽车（图4-19）。鱼形汽车和甲壳虫形汽车从背部看很相似，但仔细观察可以看出，鱼形汽车的背部和地面的角度比较小，尾部较长。鱼形汽车基本上保留了船形汽车的长处，即车室宽大、视野开阔、舒适性好；另外，鱼形汽车还增大了行李舱的容积。最初的鱼形汽车是1952年生产的别克牌小客车。1964年生产的顺风牌汽车和1965年生产的福特·野马牌汽车都采用了鱼形造型。自顺风牌鱼形汽车上市以后，世界各国/地区逐渐开始生产鱼形汽车。

图4-19　鱼形汽车

鱼形汽车也存在缺点：后风窗倾斜度大、面积增大、强度下降，具有结构上的缺陷。由于造型原因，鱼形汽车在高速行驶时会产生很大升力，使车轮附着力减小，从而抵挡不住横向风的吹袭，易发生偏离的危险，如图4-20所示。为了克服鱼形汽车的这一缺点，人们在鱼形汽车的尾部装上了鸭尾形状的尾翼，以抵消一部分升力，从而获得高速行驶时的下压力，于是便诞生了“鱼形鸭尾式”车型（图4-21）。

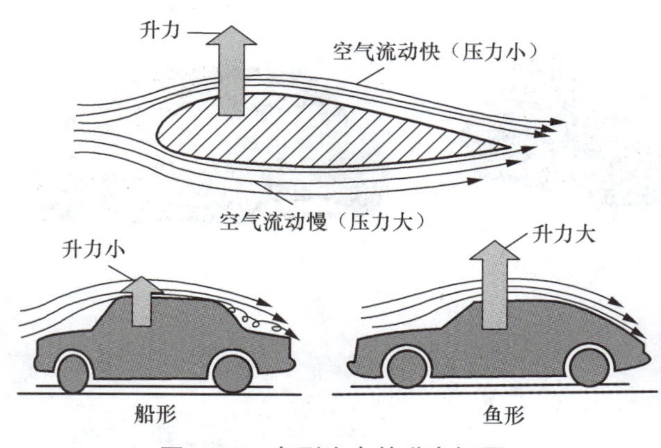

图4-20　鱼形汽车的升力问题

图4-21　“鱼形鸭尾式”车型

6. 楔形汽车

“鱼形鸭尾式”车型虽然能抵消汽车高速行驶时的部分升力，但却未从根本上解决鱼形汽车的升力问题。在经过大量的探求和试验后，设计师最终找到了一种新车型——楔形汽车。

1963年，司蒂倍克·阿本提设计出了第一款楔形汽车（图4-22）。这种汽车车身整体向前下方倾斜，车身后部像被刀切过一样，十分平直，这种造型能有效地减小升力。

与其他车型不同的是，楔形车型主要应用在赛车和跑车上（图4-23）。这种车型无论是造型的运动感，还是实际的空气动力学表现，都很有现代气息，符合人们的主观要求，能让人们更好地享受速度与美感。

图4-22　最早的楔形汽车

图4-23　现代楔形跑车

楔形对于目前所考虑到的高速汽车，已接近于理想的造型。而对于一般轿车而言，准楔形更适用，因为绝对的楔形车型是会影响汽车的实用性的（乘员空间小）。所以，除一些跑车、赛车采用楔形车型外，绝大多数实用型轿车都采用船形与楔形相结合的方案，这样能较好地协调乘坐空间、空气阻力和升力的关系。

4.2.3　未来的汽车外形

未来的汽车会是怎样的？新造型、新元素、新材质的采用，以及更节能、更环保、更个性化的外形将把汽车引向我们的想象之外。

1. 随审美水平的变化而变化

外形设计反映了人们对审美的追求，并随人们审美水平的变化而变化。如电动汽车能更好地体现设计者对流线和动感的追求，由于电动汽车取消了动力舱，因此汽车会变得很矮，更加满足空气动力学的要求。当然，车内的空间也会实现最大化利用。事实上，在最近几年的车展上，我们已经可以看出这种趋势，比如路虎揽胜概念车（图4-24）。

图4-24　路虎揽胜概念车

2. 追求速度和功能

从箱形汽车到楔形汽车的演变，是为了不断减小车阻系数，提高行驶速度。现在，环保节能也成为汽车设计的考虑因素之一。如通用汽车公司的EN-V概念车（图4-25），便以未来代步工具的身份出现。车身全部由碳纤维打造，内部提供了单排两个座椅。双人座设计能在一定程度上缓解未来城市交通堵塞、

图4-25　EN-V概念车

停车难及空气污染的问题。

3. 品牌统一化趋势加强

汽车工业发展到今天，各大汽车品牌已经基本形成了独特的设计语言，如宝马汽车的“双肾”设计，如图4-26所示；奥迪汽车的“大嘴”前脸设计，如图4-27所示。未来设计方向的变化，也将延续品牌自身的风格。

图4-26　宝马汽车的“双肾”设计

图4-27　奥迪汽车的“大嘴”前脸设计

4. 充分利用仿生学

随着汽车制造技术的发展和人类社会的进步，仿生学将在汽车外形的演变过程中扮演越来越重要的角色。例如，绿色环保且采用光电转换技术的“叶子”汽车，如图4-28所示；造型奇特、个性鲜明的“鞋子”汽车，如图4-29所示；外形小巧可爱的“飞蛾”汽车，如图4-30所示。也许有一天，我们已经记不起汽车最初的模样，未来汽车外形会超出我们的想象。

图4-28　“叶子”汽车

图4-29　“鞋子”汽车

图4-30　“飞蛾”汽车

5. 内饰设计将比外观设计更重要

很多人看车首先看的是外观，车的外观好看他们才会有兴趣去了解其内饰设计。而且对于部分消费者而言，外观好看甚至可以弥补内饰设计的缺陷。但随着汽车向电动化和智能化发展，未来的汽车内部空间将会有一个急剧变化的过程，在这个变大的空间如何巧妙地设置布局会成为吸引消费者关注的重要条件，因此汽车的内饰设计会成为消费者关注的重要方面。未来苹果汽车iCar概念内饰设计如图4-31所示。

图4-31　未来苹果汽车iCar概念内饰设计

实践体验

“脑洞大开”的汽车外形

艺术家一般想象力都比较丰富，他们的大脑不会受思维定式的束缚，总是会形成一些和其他人不一样的想法。汽车设计行业出现过很多另类的车型。请同学们查阅资料，整理出几款“脑洞大开”的汽车外形，利用图片或视频，做一个主题分享，并将相关信息填写在表4-2中。

表4-2 “脑洞大开”的汽车外形

车型	品牌	设计年代	主要特征

思考与练习

一、选择题

1. 福特T形车属于______汽车。

A. 马车形　　B. 流线型　　C. 箱形　　D. 船形

2. 关于未来汽车外形的发展趋势，下列说法不正确的是______。

A. 随审美水平的变化而变化　　B. 不再追求速度，更重视功能

C. 品牌统一化趋势加强　　D. 内饰设计将比外观设计更重要

3. ______是影响汽车空气阻力的最大因素。

A. 汽车质量　　B. 汽车外形　　C. 质心高度　　D. 汽车速度

4. 影响汽车外形的主要要素不包括______。

A. 机械工程学　　B. 空气动力学　　C. 人体工程学　　D. 消费心理学

5. 关于甲壳虫形汽车，下列说法错误的是______。

A. 大众甲壳虫是最早采用流线型车身的汽车

B. 甲壳虫形汽车中乘员活动空间狭小

C. 甲壳虫形汽车存在横向风不稳定问题

D. 甲壳虫形汽车是波尔舍设计的

二、简答题

1. 影响汽车外形的要素有哪些？

2. 简述汽车外形的发展历程。

3. 简述汽车外形未来的发展趋势。

任务4.3 汽车色彩

学习目标

知识目标	能力目标	素养目标
• 了解汽车使用功能与色彩的关系； • 了解汽车的使用对象与色彩的关系； • 了解汽车色彩对行车安全的影响。	• 能掌握色彩学的基础知识； • 熟悉一些常见汽车色彩的含义； • 能根据需要，选择合适的汽车色彩。	• 培养自主学习和归纳能力； • 培养沟通与协调能力； • 培养汽车鉴赏能力。

相关知识

色彩是汽车的重要组成部分，优美的色彩设计能够提高汽车的外观质量，增强汽车的市场竞争力。人们在观察汽车时，首先映入眼帘的是汽车色彩，然后才是汽车的形态、质感。也就是说，人的视觉神经对色彩的感知是最快的。下面就来探索一下汽车色彩的奥秘。

汽车的色彩

4.3.1 色彩学基础

色彩是一种视觉现象，光线照射在物体上，物体表面对光线进行吸收和反射，再作用于人的视觉器官，人们就感知到色彩（图4-32）。

图4-32 色彩的形成

根据色彩的组成要素，任何色彩都具有3种属性，即色相、明度和纯度，它们被称为色彩三要素。其中色相与光波的波长有直接关系，明度和纯度与光波的幅度有关。人眼看到的任一彩色光都是这3种属性的综合效果。色彩三要素是认识和表现色彩的基本依据，也是鉴别、分析色彩的标准。

色相是指色彩具有的相貌特征。如红、黄、绿即为不同的色相。我们通常使用色相环表示色相之间的关系，如图4-33所示。其中红、蓝、黄为3种原色，橙、绿、紫为二次色，红橙、黄橙、黄绿、蓝绿、蓝紫、红紫为三次色。

明度是指色彩的明暗程度。每种色彩都有其自身的明暗程度。

纯度是指色彩的饱和程度，也可以理解为某色相中色素的含量。色彩达到饱和状态时称为纯色。标准色就是纯色，所以标准色纯度最高、最鲜艳。在无色彩系中，如黑、灰、白，它们没有纯度，只有明度差别。

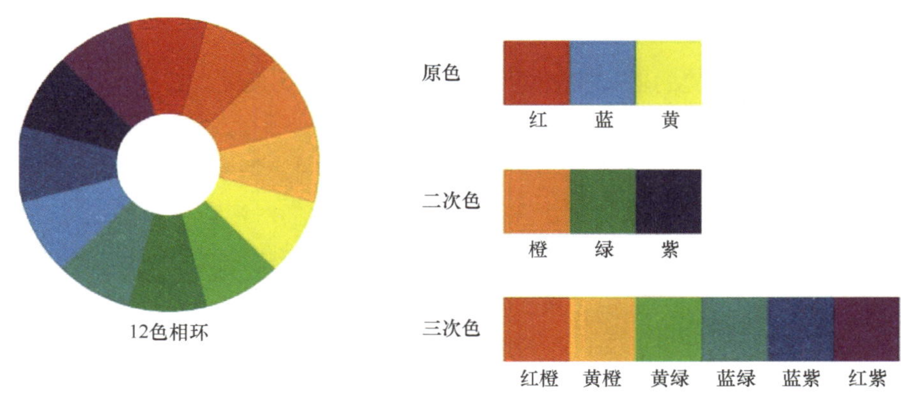

图4-33　12种基本色相

目前我国多以色相命名色彩，而对明度和纯度的表示，大多以修饰语加以区别。常用色彩表示方法如下：以自然物的色彩命名，如苹果绿、橘黄、驼灰、孔雀蓝、象牙白等；以色彩浓度命名，如淡黄、浅绿、深黄等；以色彩的明暗命名，如明绿、暗绿、正绿等。

4.3.2　汽车色彩的使用规律

汽车色彩不仅会因时而异、因地而异，而且会因车而异、因人而异。

1. 汽车的使用功能与色彩

汽车在使用过程中，已形成一些惯用色彩。例如：消防车采用红色（图4-34），这可以使人们知道可能有火灾发生，赶紧避让；救护车采用白色（图4-35），给人以干净、纯洁的感觉；邮政车的绿色给人以和平、安全的感觉（图4-36）；校车多为黄色（图4-37），因为黄色明度高、醒目，可以引起行人和其他车辆驾驶员的注意。

图4-34　红色的消防车

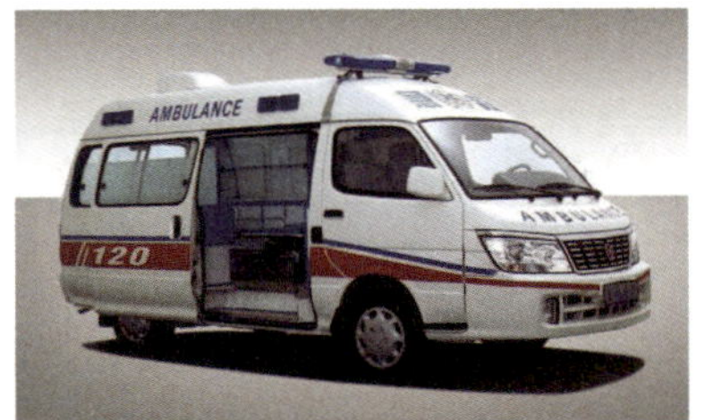

图4-35　白色的救护车

图4-36　绿色邮政车

图4-37　黄色校车

2. 汽车的使用对象与色彩

由于不同地区地理环境的差别，造成了人们对不同色彩的偏爱。在低纬度地区，日照时间比较长，光照相对较强，颜色反差很大，人们更喜欢淡色。而在高纬度地区，日照时间短，光照相对较弱，颜色反差小，人们更喜欢鲜明色，以加强车身造型效果。

人们在年龄、性别、性格等方面的差异，都能影响他们对汽车色彩的选择。比如年龄较大的消费者通常偏爱体现沉稳的暗色系色彩，如黑色、灰色、银色等。而有些年轻人偏爱体现时尚的亮色系色彩，如红色、黄色、蓝色等。

由于各地区的社会、经济、文化等的不同，人们的色彩观念也不同。另外，汽车色彩具有流行趋势，随着社会和经济的发展，人们对色彩的喜好会发生变化。

基于2022年全球汽车生产上应用的颜色数据进行分析发现：与过去几年一样，2022年，“无彩色”（主要指的是白色、黑色、银色、灰色）仍在全球汽车市场占据优势。其中，白色经典永不过时，具有很高的价值，就像过去几年一样，仍然是人气最高的。不过，分析的结果也显示，黄、橙、绿、蓝等多彩的汽车正在逐渐扩大市场份额。在中国市场，这种趋势尤为明显。根据PPG的全球汽车生产数据显示，在中国市场，白色汽车占比达到47%，黑色为14%，自然色（金色、米色、橙色、棕色）为11%，如图4-38所示。根据历史数据显示，越来越多的消费者对白色汽车产生了特别的偏好，同时黑色和灰色汽车占比在下降，而过去一些偏冷门色彩在上升，说明消费者的选择趋于个性化。

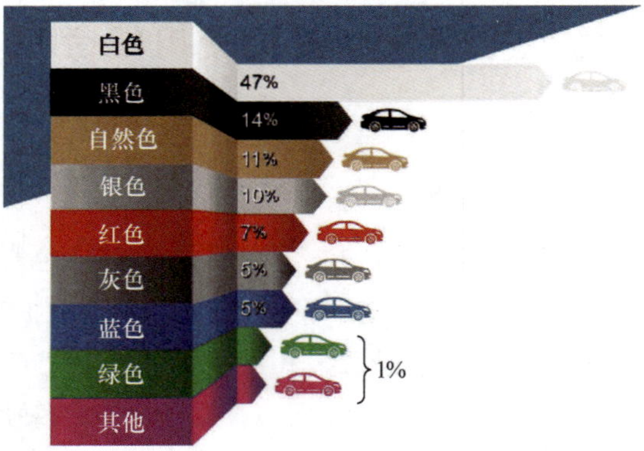

图4-38　中国市场汽车色彩趋势

4.3.3　汽车的安全与色彩

安全行车与汽车色彩也有一定的关系。总体来说，白色、黄色等色彩的汽车的安全性要高于黑色、绿色、蓝色、红色等色彩的汽车。根据澳大利亚的汽车保险公司——NRMA的研究数据，不同色彩的汽车的事故率如图4-39所示。这主要是因为黑色、绿色、棕色等色彩相对而言对光线的反射率比较低，特别是在晚上，这些色彩的汽车不容易被察觉。但是白色、银白色等对光线的反射率较高，因此这些色彩的汽车比较显眼，能够让其他车辆的驾驶员及时察觉，从而降低事故发生的概率。

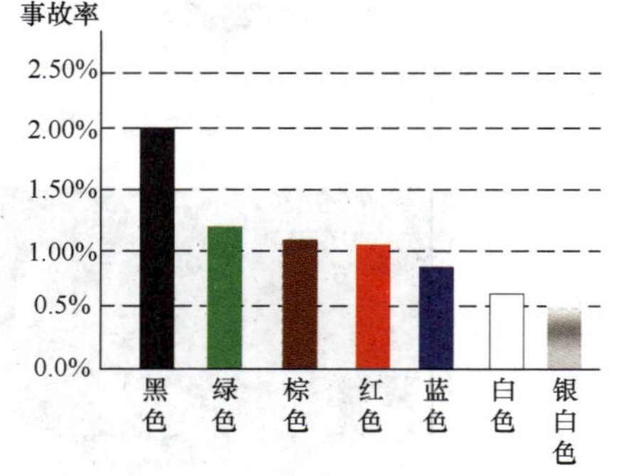

图4-39　不同色彩的汽车的事故率

同时，色彩具有胀缩性。将相同车身涂成不同的色彩，会给人体积不同的感觉。膨胀色与收缩色的视觉效果不一样，如黄色物体给人的感觉是体积大一些，因此黄色属于膨胀色；蓝色、绿色物体给人的感觉是体积要小一些，因此蓝色、绿色属于收缩色。白色、黄色等浅色的明度相对较高，浅色物体更容易让人注意到，给人更强的观感，所以开浅色系汽车相对来说更加安全一些。而绿色、蓝色、黑色等深色属于收缩色，开这些色彩的汽车出现事故的概率要高一些。

汽车内饰的色彩也同样影响着行车安全，因为色彩对驾驶员的情绪具有一定的影响。内饰采用明快的配色，能给人以宽敞、舒适的感觉。夏天最好采用冷色内饰，冬天最好采用暖色内饰，这样可以调节驾驶员的冷暖感觉。为内饰选择恰当的配色可以帮助驾驶员减轻疲劳，从而减少交通事故的发生。

当然汽车色彩并不是导致交通事故的直接原因，交通事故的发生与驾驶员的不良驾驶习惯有着密切的关系，同时也受到外部环境等综合因素的影响。

4.3.4 汽车色彩的含义

由于传统文化习惯等因素的作用，人们看到色彩时，往往会不自觉地把它与其他事物联系起来，这就是色彩的联想和象征。由于年龄、性别、职业、生活环境等的不同，人们产生的这种联想具有一定差异，但也存在共同点。

1. 灰色

灰色给人以朴素、柔和、含蓄之感。人们对灰色的感觉通常是，既不炫目，也不暗淡，灰色是一种不易令人产生视觉疲劳的色彩。灰色汽车如图4-40所示。

2. 蓝色

蓝色容易使人联想到天空、海洋，使人感到深远、纯洁无瑕等。蓝色通常象征着含蓄、冷静、内向和理智。蓝色汽车如图4-41所示。

图4-40 灰色汽车

图4-41 蓝色汽车

3. 银色

银色可以说是汽车最本质的色彩，它通常象征着光明、富有和高贵，具有强烈的现代感。银色汽车如图4-42所示。

4. 黄色

黄色的光感最强，常给人以光明、辉煌、希望的感觉。黄色还易使人联想到硕果累累的金秋、闪闪发光的黄金，常给人留下光亮纯净、高贵豪华的印象。黄色汽车如图4-43所示。

图4-42　银色汽车

图4-43　黄色汽车

5. 白色

白色易使人联想到白云、白玉、白雪，象征着明亮、清净、纯洁。同时，白色也是最耐脏的汽车色彩。这是因为汽车在日常使用过程中，所接触的灰尘及雨水冲刷的痕迹，大部分都是灰白色的，再加上白色车漆本身具有反光的功能，会给人一种看起来并不脏的错觉，而其他色彩的车辆上的灰尘等就会醒目很多。白色汽车如图4-44所示。

6. 红色

红色易使人联想到太阳、红灯、红花等，人们常将红色作为欢乐喜庆、兴奋热烈、积极向上的象征。红色汽车如图4-45所示。

图4-44　白色汽车

图4-45　红色汽车

7. 黑色

黑色对人心理的影响有消极和积极两个方面。消极方面：黑色会令人感到失去方向、失去目标，产生绝望等感觉。积极方面：黑色象征着权利和威严，比如法官等通常着黑色服装，黑色的礼服则有高雅、庄重的含义。黑色汽车如图4-46所示。

8. 绿色

绿色是大多数植物的色彩，也是大自然的主宰色。绿色是最能表现活力和希望的色彩，它象征着春天、生命、青春、成长，也象征着安全、和平。绿色汽车如图4-47所示。

图4-46 黑色汽车

图4-47 绿色汽车

4.3.5 汽车变色技术

未来，汽车色彩无疑将向更加丰富和更加赏心悦目的方向发展，人们开始崇尚更加前卫的色彩。为了适应汽车流行色彩日益频繁的变化，每年大约有600种新的汽车颜料被开发出来。但是这还是不能满足人们的需求，如果汽车能够“变色”是不是就更炫酷了？目前很多厂商已经做了相关尝试。

1. 光线变色

实现光线变色的关键在于一种能在不同视觉角度下呈现不同色彩的特殊油漆。该油漆内有一种叫作云母的物质（图4-48），它能使光线发生折射和衍射。这种变色汽车在制作工艺上要比普通汽车多一个涂层。每个涂层的施工厚度和黏度都要达到一定要求，否则变色效果不佳。

图4-48 油漆中的云母

2. 温度变色

实现温度变色的关键在于在汽车的表面涂有一层热反应涂料，这种涂料也被称为“热色涂料”，其中含有纳米二氧化钛（VK-T25Q）。这种变色汽车采用了独特的制造工艺和表面处理技术。当温度变化时，车身会从一种色彩变为另一种色彩。当温度升高到一定程度后，这种涂料会变成无色的。目前这种涂料常用于制作改色膜，只要在车身上贴上改色膜（图4-49），汽车就能随温度改变色彩。

3. 电磁变色

日产汽车公司运用纳米技术开发出了一款能根据驾驶者喜好改变色彩的“变色龙”汽车（图4-50）。该汽车的外壳上涂有一层顺磁氧化铁纳米颗粒物质——顺磁性涂层。这些颗粒能根据发动机工作时产生的电流变化改变彼此的空间位置，从而控制反射效果，使整个涂层的色彩发生变化。

图4-49　改色膜

图4-50　日产“变色龙”汽车

4. 电子变色

2022年，宝马汽车公司发布了车身变色技术——“电子墨水”。这种墨水里包含数百万个微胶囊，其厚度大约与发丝的直径相等。每个微胶囊里都含有带负电的白色颜料和带正电的黑色颜料。控制微胶囊两侧的电极，使所需颜色出现在车身上，便能实现变色。其实这项技术早有运用，如我们生活中的墨水屏。宝马汽车公司还根据汽车表面的弧度制造了不同尺寸的“电子墨水”，并将其固定在汽车上，以此实现一键变色。

宝马的这项车身变色技术实际上只限于变换黑白两色。值得一提的是，这个一键变色功能并不只是将整车变为黑色或白色，车主可以根据自己的喜好在车身上自行编辑出不同的渐变效果、不同的几何形状等，如图4-51所示。

图4-51　宝马“电子墨水”汽车

变色汽车不仅具有炫酷的外形，安全性也更好。比如夜间发光的汽车很容易被其他车辆的驾驶员看清楚，这就能减少交通事故发生的概率。但是变色汽车会给车辆的流通和管理带来一定不便，需要不断完善相关措施。

实践体验

解读全球汽车色彩流行趋势

每年全球主要的汽车涂料供应商（例如巴斯夫、PPG等）都会发布年度《全球汽车色彩流行趋势报告》，通过这份报告，大家能知道全球哪种色彩的汽车最受欢迎。请同学们查阅资料，搜集相关信息，了解本年度全球汽车色彩流行趋势，分析其中的原因，并根据实践所得填写表4-3。

表4-3 本年度全球汽车流行色彩

年度		
国家或地区	最受欢迎的汽车色彩	原因
中国		

思考与练习

一、选择题

1. 根据色彩的组成要素，任何色彩都具______种属性。

A. 2　　B. 3　　C. 4　　D. 5

2. 深蓝色是收缩色，这种色彩的汽车看起来______。

A. 比实际大　　B. 比实际小　　C. 和实际一样大　　D. 不确定

3. 给人以庄重、尊贵、严肃感觉的汽车色彩是______。

A. 白色　　B. 蓝色　　C. 黑色　　D. 红色

4. 最耐脏的汽车色彩是______。

A. 白色　　B. 黄色　　C. 黑色　　D. 红色

5. 消防车采用______，这能使人们知道可能有火灾发生，赶紧避让。

A. 白色　　B. 黄色　　C. 绿色　　D. 红色

二、简答题

1. 色彩产生的原理是什么？
2. 在选购汽车时，如何根据汽车的使用对象、功能及安全性等方面选择汽车的色彩？
3. 简述汽车常用色彩代表的含义。

项目 5

汽车与社会

在当今世界，汽车已经深入人们生活中的每一个角落，它推动着人类社会物质文明与精神文明的快速发展。但是，人们在享受着汽车给生活带来的便利时，又不得不面对汽车给自然环境带来的污染和对自然资源的过度消耗，以及越来越大的交通压力。在本项目中，我们将了解一下汽车对人们的社会生活产生了哪些影响。

任务5.1 汽车与环境

学习目标

知识目标	能力目标	素养目标
• 知道汽车对环境有哪些危害； • 了解汽车噪声的危害； • 了解如何控制汽车的公害； • 知道汽车对能源消耗的影响。	• 能分析汽车尾气的成分及其对环境的影响； • 能总结减少汽车排放的措施； • 能掌握汽车能源消耗的现状。	• 培养自主学习和归纳能力； • 培养沟通与协调能力； • 培养环保意识。

相关知识

人们在享受着汽车带来的便利时，也不得不面对一些问题，如雾霾、全球变暖、油价飞涨、城市噪声等。如何更环保地使用汽车，实现汽车与环境的和谐发展，成为人们需要积极考虑的问题。

5.1.1 汽车尾气污染

汽车尾气是汽车使用时产生的废气，它在直接危害人体健康的同时，还会对人类生活的环境产生深远影响。

汽车尾气

1. 汽车尾气的主要成分与危害

根据有关分析，汽车尾气（图5-1）的成分约有1 000多种，其中对人体健康和生态环境危害最大的有一氧化碳、碳氢化合物、氮氧化合物和颗粒物等。

图5-1 汽车尾气

（1）一氧化碳

在内燃机中，一氧化碳是因空气不足或其他原因导致不完全燃烧时，所产生的一种无色、无味的气体。一氧化碳被人体吸入后，非常容易和血液中的血红蛋白结合，它的亲和力是氧的300倍。肺里的血红蛋白不与氧结合而与一氧化碳结合，会使人体缺氧，抑制思考，使人反应迟钝，引起头痛、头晕、呕吐等症状，严重时可能导致死亡。

（2）碳氢化合物

碳氢化合物是指发动机废气中的未燃部分，还包括供油系统中燃料的蒸发和滴漏。单独的碳氢化合物只有在含量相当高的情况下才会对人体产生影响，一般情况下影响不大，但它却是光化学烟雾的重要成分。

（3）氮氧化合物

氮氧化合物是发动机有一定负荷时大量产生的一种褐色的有臭味的废气。发动机废气刚排出时，废气内存在的一氧化氮毒性较小，但一氧化氮很快会氧化成毒性较大的二氧化氮等其他氮氧化合物。这些氮氧化合物进入肺泡后能形成亚硝酸和硝酸，而亚硝酸和硝酸会对肺组织产生剧烈刺激和严重伤害。

氮氧化合物与碳氢化合物受阳光中紫外线的照射后会发生光化学反应，形成有毒的光化学烟雾，光化学烟雾的成因如图5-2所示。光化学烟雾中的光化学氧化剂超过一定浓度时，对人具有明显的刺激性。它能刺激眼结膜，引起流泪并导致红眼症，同时对鼻、咽、喉等器官均有刺激作用，能引起急性喘息症，使人呼吸困难、喉痛、头脑晕沉。

（4）颗粒物

由汽车发动机燃烧室排放出的颗粒物有3个来源，其一是不可燃物质，其二是可燃的但未进行燃烧的物质，其三是燃烧生成物。大量的颗粒物是雾霾（图5-3）的主要成因之一，含金属成分的颗粒物主要来自燃料中的抗爆剂、润滑油添加剂及运动产生的磨屑等。柴油发动机燃料燃烧不完全时，其内含有大量的黑色颗粒物。由这些颗粒物形成的炭烟能降低环境的能见度，并因含有少量带有特殊臭味的乙醛，往往引起人们恶心和头晕。炭烟不仅本身对人的呼吸系统有害，而且炭烟颗粒的孔隙中往往吸附着二氧化硫及有致癌作用的多环芳香烃等。

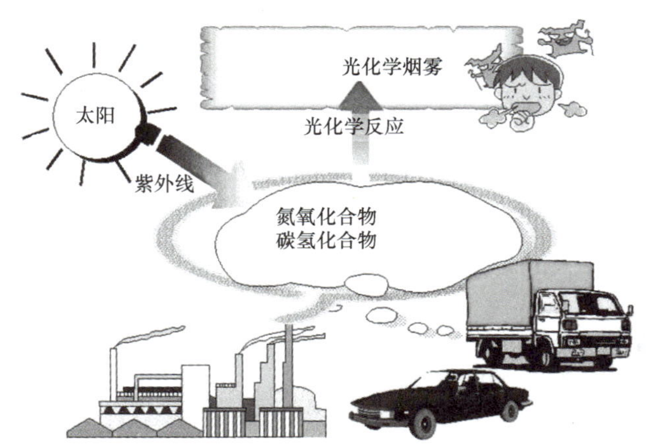

图5-2　光化学烟雾的成因

图5-3　雾霾

汽车尾气造成的大气污染还会破坏臭氧层，臭氧层被破坏后，吸收紫外线的能力大大减弱，这会导致到达地球表面的紫外线明显增加，给人类健康和生态环境带来多方面的危害。强烈的紫外线会使植物受到损害，使浮游生物、鱼苗、虾、蟹幼体和贝类大量死亡，甚至会造成某些生物的灭绝，进而影响全球生态平衡。此外，臭氧层被破坏会造成太阳辐射过强，从而导致高温天气。

2. 温室气体的排放

世界工业化引起的能源大量消耗，导致大气中二氧化碳的剧增。其中汽车尾气排放对于温室气体浓度提高的影响不容忽视。二氧化碳为无色无毒气体，对人体无直接危害，但大气中的二氧化碳大幅度增加时，因其对红外热辐射的吸收而形成的温室效应，会使全球气温上升，南北极冰川融化，海平面上升，陆地沙漠化趋势加剧，等等。因此，近年来对二氧化碳的控制也已上升为汽车排放研究的重要课题，提高汽车的经济性和使用低排量汽车是减少二氧化碳排放的重要措施。温室效应原理示意图如图5-4所示。

温室效应的成因

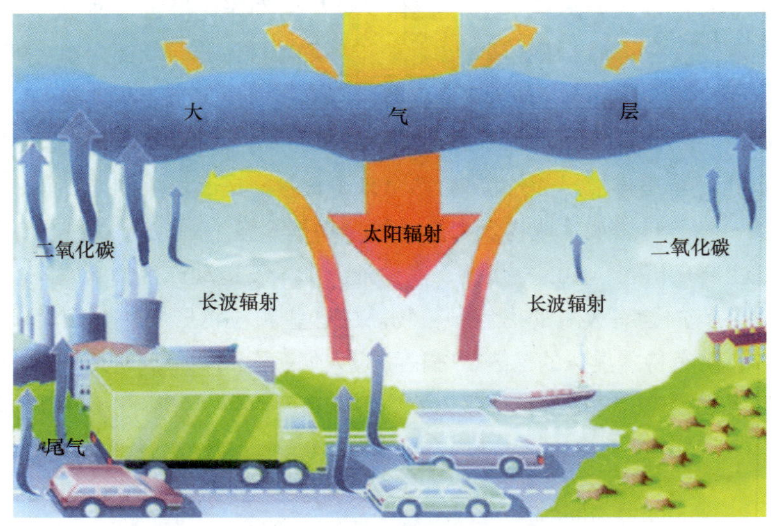

图5-4　温室效应原理示意图

地球上接连出现的“厄尔尼诺”和“拉尼娜”现象都与温室效应加剧有关。未来几十年里，随着全球变暖，南北极冰川可能逐渐消融，威尼斯可能被海水淹没，位于赤道附近的乞力马扎罗山可能变得光秃秃的（图5-5），马尔代夫有可能没入海底，还有秘鲁的马丘比丘、埃及的卢克索神庙、法国的拉斯科洞窟壁画等一些风景名胜也可能陆续消失。

图5-5　乞力马扎罗山的变化

因人口密集、高楼密集、公路密集，城市热岛效应（图5-6）更为严重。温室气体像毯子一样把热束缚在低层大气里，城市年平均气温比郊区高1℃，甚至更多。城市热岛效应已经改变了地区天气形势，特别是雨量分布形势已经发生改变，这是全球变暖在城市的反映。

大气环境是人类赖以生存的可贵资源，因此，减少温室气体排放、防止全球变暖是世界各国/地区共同关注的问题。在这一背景下，世界各国以全球协约的方式减排温室气体，2015

年，《联合国气候变化框架公约》近200个缔约方在巴黎气候变化大会上达成《巴黎协定》，为2020年后全球应对气候变化行动做出了安排。

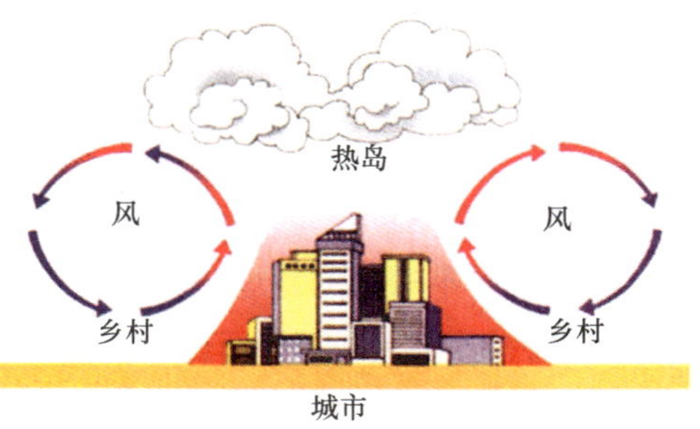

图5-6　城市热岛效应

3. 减少汽车排放的措施

（1）加强汽车技术改进

① 源头控制法。该方法是指把燃烧污染物消灭在燃料化学能转换为机械能的过程之中。因为这种方法作用于发动机的气缸，故这种方法以前被称为机内净化。比如提高发动机的燃烧质量、使用混合动力技术等。

② 后治理法。由于源头控制的效果是有限的，并不是所有的问题都可以在源头解决，所以产生了在排放过程中减少有害物质的后治理法。使用后治理法减少发动机排出的有害物质的设备主要有各种催化净化器和过滤器等。汽油车使用最多的是三元催化转换器（图5-7）和吸附还原催化净化器。柴油车使用更为复杂的后处理系统（图5-8），其中包含催化氧化系统（DOC）、颗粒捕捉器（DPF）、选择性催化还原系统（SCR）和氨捕捉器（ASC）等，其原理是把排出的颗粒物过滤捕捉起来，使用尿素中和分解氮氧化合物等，达到清洁排放的目的。

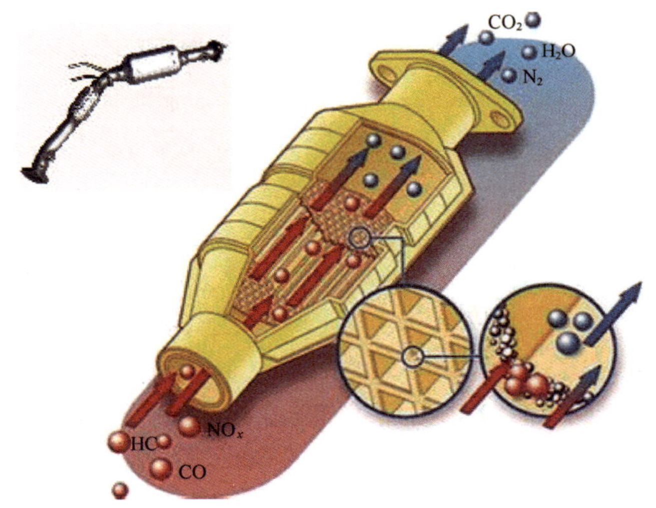

图5-7　三元催化转换器

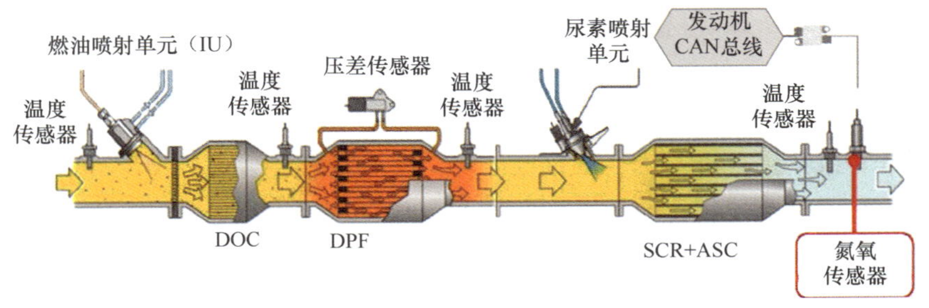

图5-8　后处理系统

③ 彻底替换法。在实际的汽车排放控制中，通常是源头控制法和后治理法并用的。但是只要使用内燃机，就无法彻底解决排放问题，所以这时只能采用新的动力装置，这就是彻底替换法。

（2）加强对在用车辆的管理

加强对在用车辆的管理包括加速淘汰老旧车辆、严格执行国家质量标准和燃油标准等措施。为遏制交通污染，欧盟于1992年首次推行了“欧Ⅰ”汽车尾气排放标准。

我国根据国情，广泛参考和借鉴了欧盟的汽车排放标准，于2000年7月1日起，全国实施“国一”排放标准。之后不断提高汽车尾气排放要求，2020年7月1日起，全国开始实施“国六”标准，且分为a、b两个阶段，先实施a阶段作为过渡。2023年7月1日，全国开始实施国六排放标准6b阶段。与“国五”相比，“国六”的氮氧化物（NO_x）、颗粒物（PM）等污染物大幅减少，如表5-1所示，在全世界范围都属于非常严格的环保标准。

表5-1　汽油车国五、国六排放标准对比

排放物	国五	国六a	国六b
一氧化碳（CO）	1 000mg/km	700mg/km	500mg/km
非甲烷烃（NMHC）	68mg/km	68mg/km	35mg/km
氮氧化合物（NO_x）	60mg/km	60mg/km	35mg/km
细颗粒物	4.5mg/km	4.5mg/km	3mg/km
颗粒物（PM）数量	—	6×10^{11}颗/km	6×10^{11}颗/km

（3）减少汽车使用量

减少汽车使用量是控制汽车尾气污染的最有效途径之一。因此，我们要大力发展包括公共汽车、地铁、城铁在内的公共交通，并提高公共交通工具的运行速度。规范共享单车等新型出行方式的管理，扬长避短，可以减少城市的交通堵塞状况，减少汽车尾气排放。

我们要通过开展绿色出行创建行动，倡导简约适度、绿色低碳的生活方式，引导公众优先选择公共交通、步行和骑自行车等绿色出行方式，降低汽车通行总量，整体提升城市的绿色出行水平。

5.1.2 汽车噪声污染

生理学和心理声学把影响人们的工作、学习、休息和身体健康的声音，统称为噪声。

1. 汽车噪声的来源

汽车噪声的来源有多种，例如发动机、变速器、驱动桥、传动轴、车厢、玻璃窗、轮胎、继电器、喇叭、音响等。有些汽车噪声是被动产生的，有些是主动产生的（如按喇叭）。但是汽车噪声的主要来源只有两个，一个是发动机，另一个是轮胎。

在发动机产生的各种噪声中，发动机表面辐射噪声是主要的。发动机表面辐射噪声有燃烧噪声和机械噪声两类。燃烧噪声是指因气缸燃烧压力通过活塞、连杆、曲轴、缸体等向外辐射产生的噪声。机械噪声是指因活塞、齿轮、配气机构等运动件之间的撞击产生的振动噪声。一般情况下，低转速时燃烧噪声占主导地位，高转速时机械噪声占主导地位。两者是密切相关、相互影响的。

轮胎在路面滚动产生的噪声也是很大的。有关研究表明，在干燥路面上，当车速达到100km/h时，轮胎噪声成为汽车的主要噪声。而在湿路面上，即使车速低，轮胎噪声也会盖过其他噪声成为最主要的噪声。轮胎噪声来自泵气效应和轮胎振动。

轮胎的泵气效应

所谓泵气效应（图5-9）是指，轮胎高速滚动时引起轮胎变形，使得轮胎花纹与路面之间的空气受压挤，随着轮胎滚动，空气又在轮胎离开路面时被释放，经过这样连续的“压挤释放”，空气就迸发出噪声，而且车速越快噪声越大，车辆越重噪声越大。轮胎振动与轮胎的刚度和阻尼有关，刚度增大（例如轮胎帘布层数目增加），阻尼减少，轮胎的振动就会增大，噪声也就增大了。

图5-9　轮胎的泵气效应

2. 汽车噪声的危害

汽车噪声是汽车的第二公害，它随着汽车发动机功率、汽车行驶速度的提高及汽车流量的增加而增大，约占城市噪声的75%。噪声污染与大气污染、水源污染不同，噪声污染是局部的、多发性的，其特点是噪声源与受害者的距离很近，其中城市街道和公路干线两侧的汽车噪声污染最为严重。

早在17世纪，人们就开始研究噪声，长期的研究表明，噪声确实会危害人的健康，噪声级越高，噪声的危害性越大。在20世纪50年代后，噪声被公认为是一种严重的公害污染。声音强度的单位是dB（分贝），人耳刚刚能听到的声音强度是0～10dB。一般认为40dB是正常的环境声音强度，声音强度超过40dB就是有害的噪声，如小于80dB的噪声，虽然不会直接危害人的健康，但同样会影响和干扰人们的正常活动。

3. 汽车噪声的控制

（1）改进汽车技术，降低汽车噪声

在汽车技术方面，首先是对发动机、轮胎（图5-10）和排气消声器等部件进行技术改进，以达到降低汽车噪声的目的，其次是对现有的汽车进行专业的吸音、隔音处理。汽车隔音处理主要包括减振、降噪、密封等3个步骤，即在车门、行李舱、汽车底盘、发动机罩和车顶等容易产生噪声的地方，粘贴一种高级吸音泡沫材料，从而降低汽车噪声（图5-11）。

图5-10　降噪轮胎

图5-11　汽车隔音处理

实际上，汽车噪声的大小能够反映出整车的质量和技术性能的好坏。因此，降低汽车噪声也是世界汽车工业的一个重要课题。

（2）从道路规划和建设方面控制汽车噪声

① 声屏障技术。采用构筑声屏障的方式来降低汽车噪声是目前应用比较广泛的降噪方式（图5-12）。声屏障技术主要是指通过声屏障材料对声波进行吸收、反射等来降低噪声。

② 降噪绿化林带。种植降噪绿化林带，能有效降低噪声（图5-13）。但只有选择合适的植物种类、植株密度、植被宽度，才可以起到吸纳声波、降低噪声的作用。

图5-12　公路边安装的声屏障

图5-13　降噪绿化林带

③ 降噪路面。降噪路面也称多空隙沥青路面，又称为透水（或排水）沥青路面（图5-14），它是在普通的沥青路面或水泥混凝土路面的结构层上铺筑一层具有很高空隙率的沥青混合料，其空隙率通常为15%～25%，此种路面可降低汽车噪声。

（3）加强汽车噪声管理

一些发达国家自20世纪60年代起，就对汽车噪声给予了足够的重视，制定了许多法规和标准来对其进行控制。我国从1979年制定并实施《机动车辆允许噪声》（GB1495—1979），这标志着我国汽车噪声的法规和标准建设的开始。随着时代的发展，该标准已被《汽车加速行驶车外噪声限值及测量方法》（GB 1495—2002）所替代。

治理汽车噪声污染，不仅要在技术、管理手段上下功夫，还应提高公民的社会公德意识，让公民自觉遵守交通法规。禁止鸣笛标志如图5-15所示。应该把如何按喇叭及何时按喇叭作为驾驶员培训的一项重要内容，加大对恶意鸣笛现象的处罚力度，把它作为考核驾驶员社会公德心和社会责任感的一项指标，对恶意鸣笛等情节恶劣的驾驶员给予警告、罚款、扣分的处罚。

图5-14　降噪路面

图5-15　禁止鸣笛标志

5.1.3　汽车与能源消耗

1. 汽车能源消耗的现状

国际能源机构（IEA）统计，2022年，全球83%的能源消费为石油、天然气和煤炭，如图5-16所示。这3种能源还能供开采的年限，分别只有约40年、50年和240年。

我们难以想象的一个事实是，按照目前的消耗速度，地球的石油资源很快将被消耗殆尽，这为我们敲响了警钟。目前，中国车用燃油消耗占总消耗的比例近60%，汽车的石油消耗比例非常高。中国是第二大石油消耗国，也是世界第一大石油净进口国，我国石油大量依赖进口。汽车在为我们带来方便的同时，也的确给能源供应造成了巨大的压力。

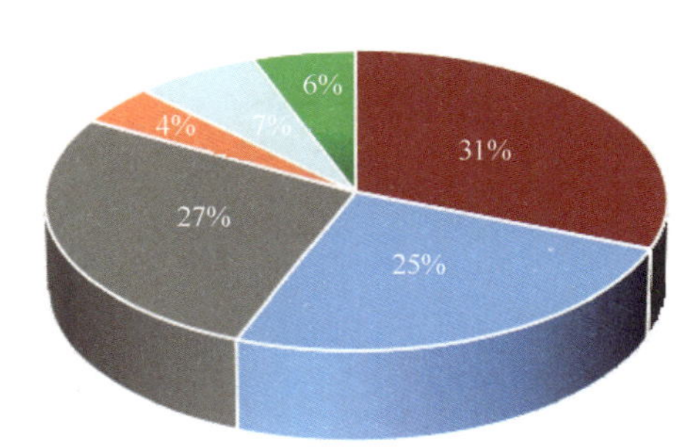

图5-16　全球能源消费结构

可再生能源在近10年得到了快速发展，但这远远不够，可再生能源在2021年全球能源消费结构中的占比仅有6%。并且，可再生能源发展情况极不均衡，除亚洲、欧洲、美洲外，其他油气资源丰富的地区如中东地区和非洲，可再生能源的消费占比极低，可再生能源基本处于开发初期。

2. 汽车能源问题的解决途径

从汽车本身来讲，未来的节能方式包括提高发动机的综合性能、使用轻型材料、优化动力系统和开发替代燃料等。

（1）提高发动机的综合性能

通过稀薄燃烧技术、电子控制喷射技术、优化设计燃烧系统等方式，发动机可始终在较理想的状况下运行（空燃比偏离理论值不会太多），这能保证汽车不仅具有较好的动力性能，还很省油。

（2）使用轻型材料

多使用铝合金或其他轻型材料，减轻汽车零部件质量，降低整车质量，能达到节能的目的。

（3）优化动力系统

将制动时产生的热能转换为电能，并将其存储在电容器内，在使用时将其迅速释放，这样既提高了发动机的工作效率，又适度降低了耗油量。

（4）开发替代燃料

这是指以醇类、氢燃料、天然气、生物柴油等新型燃料代替燃油作为燃料。

要从根本上解决汽车能源问题，我们就要尽快找到替代能源，彻底摆脱对石油资源的依赖，比如开发纯电动汽车、燃料电池汽车。要想实现这样的目标，仅仅依靠汽车厂商与研究单位的努力是不够的，配套基础设施的建设也要同步跟进。

实践体验

探寻汽车对身边环境的影响

请同学们查阅资料，拓展学习范围，运用所学知识，观察身边案例和生活场景，举例说明汽车是如何影响我们的生存环境的，我们又采取了哪些改善措施。请将收集到的信息填写在表5-2中。

表5-2 汽车对环境的影响

汽车对环境的影响	改善措施
大气污染	

与练习

一、选择题

1. 我国目前实行的是______排放标准。

A. 国四　　B. 国五　　C. 国六　　D. 国七

2. 不属于汽车排放的有害物质的是______。

A. 一氧化碳　　B. 碳氢化合物

C. 氮氧化合物　　D. 二氧化碳

3. 汽车噪声的主要来源有______个。

A. 2　　B. 3　　C. 4　　D. 5

4. 从道路规划和建设方面控制汽车噪声不包括______。

A. 种植降噪绿化林带　　B. 建设降噪路面

C. 减少汽车使用量　　D. 构筑声屏障

5. 减少汽车排放的措施包括______。

A. 加强汽车技术改进　　B. 减少汽车使用量

C. 加强对在用车辆的管理　　D. 以上答案都正确

二、简答题

1. 使用汽车对环境有哪些危害？

2. 汽车尾气中的主要成分有哪些？能引起什么环境问题？

3. 汽车噪声的主要来源是什么？

任务5.2 汽车与交通及汽车保险

学习目标

知识目标	能力目标	素养目标
• 了解引起交通事故的主要原因； • 了解引起交通堵塞的原因； • 了解汽车保险的种类和特点。	• 能分析交通事故的原因； • 能分析交通堵塞的原因； • 能掌握汽车保险的理赔流程。	• 培养自主学习和归纳能力； • 培养沟通与协调能力； • 培养安全交通意识。

相关知识

随着汽车运输业的快速发展，交通道路网几乎穿透了世界大部分地区。汽车在带来便利的同时，随之而来的还有交通事故、交通堵塞等问题。全世界每天有3 000多人死于交通事故，而受伤的人数更多，以至于世界各国都把交通事故视为“永无休止的交通战争”。

5.2.1 汽车与交通安全

交通事故是指车辆在道路上因驾驶员的过错或者意外造成人身伤亡或者财产损失的事件。交通事故基本上可分为碾压、碰撞、刮擦、翻车、失火、爆炸和坠车等7种。

1. 引起交通事故的主要原因

① 驾驶员因素。行车过程中注意力分散、过度疲劳、酒后驾车、身体状况欠佳等潜在的心理、生理性原因，都有可能造成驾驶员反应迟缓而出现交通事故。统计数据显示，交通事故发生原因中驾驶员因素约占90%（图5-17），是最主要的原因。驾驶员的违规行为主要包括疏忽大意、超载、超速、违规超车、不按规定让行等。

图5-17 交通事故发生原因的构成

② 行人因素。行人不遵守交通法规也是引起交通事故的主要原因之一。行人的违规行为主要包括不走人行横道、地下通道、天桥，翻越护栏，斜穿路口，任意横穿机动车道（图5-18），穿越中间隔离带，等等。

③ 道路及环境因素。道路是交通运输的基础设施，是影响交通安全的重要因素之一。道

路方面的问题有道路交通构成不合理，交通流中车型复杂，人车混行、机动车和非机动车混行问题严重（图5-19）；道路公共交通不发达，服务水平低；道路建设标准低，安全性差，等等。这些都可能导致交通事故的发生。环境因素主要是指，在雨雪天等能见度差的恶劣环境中（图5-20），驾驶员难以正常操纵机动车，这也容易引发交通事故。

图5-18　行人任意横穿机动车道

图5-19　交通混行问题

图5-20　恶劣环境中行车

④ 车辆因素。车辆是现代道路交通中的主要元素，影响行车安全的主要因素是转向系统、制动系统、行驶系统和电气系统等。车辆在长期使用过程中，可能出现性能不佳、机件失灵或零部件损坏等情况，这些都可能是造成交通事故的直接因素。

2. 减少交通事故的措施

（1）提高驾驶员素质

驾驶员违章驾驶是交通事故发生的主要原因，因此，应提高驾驶员的素质。强化对法律法规的宣传贯彻、经常开展培训教育活动，可以提高驾驶员的驾驶安全意识和个人修养，从而降低交通事故的发生率。

（2）加大关于交通安全的全民教育力度

为降低交通事故的发生率，还需加强对行人的安全素质教育。例如确定每年12月2日为“全国交通安全日”，可使广大交通参与者了解道路交通及交通安全方面的基本知识，使我国现行的交通法规能深入人心。全国交通安全日宣传海报如图5-21所示。

（3）强化对道路交通工作的科学管理

提高交通管理水平，也是减少交通事故的重要手段之一。目前效果比较显著的措施有：合理设置信号灯，完善交通标志与标线（图5-22），完善法规和加大执法力度。

图5-21　全国交通安全日宣传海报

图5-22 完善交通标志与标线

（4）提高汽车的安全性能

较高的汽车安全性能，往往可以避免交通事故的发生或者降低伤亡程度。因此，提高汽车的安全性能是减少交通事故的重要措施之一。在21世纪，随着科学技术的进步，许多先进技术被引入汽车的安全设计，如事故预防处理技术、事故避免技术、减少乘员伤损技术、碰撞后易救助及确定事故成因技术等。

① 夜视系统。该系统属于对事故预防处理技术的应用。图5-23所示为奥迪A8的夜视系统，该车在四环标志后部安置有热成像摄像头，探测距离根据车速的不同有所不同，最远可以达到300m，这提高了夜间行车的安全系数。

② 主动制动系统。该系统属于对事故避免技术的应用，应用该系统后，制动系统能够主动制动。主动制动的基本原理是车辆前面的测距探头不断探测本车与前面车辆或人的距离，根据本车的速度计算本车是否处于安全行驶状态，如果车距太近，系统会立即报警，并进行制动，使车辆减速，如图5-24所示。但不是所有的主动制动系统都能使汽车停下，主动制动是辅助功能，不能完全取代驾驶员的制动操作。主动制动系统能够防止或减少交通事故的发生，但不能消除交通事故，因此文明用车很重要。

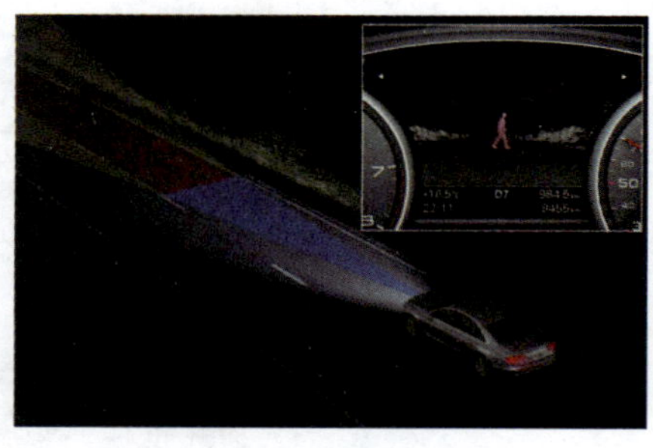

图5-23 夜视系统示意图

图5-24 主动制动原理示意图

③ 辅助防护系统（Supplemental Restraint System，SRS）。该系统属于对减少乘员伤损技术的应用，SRS一般包括安全气囊和安全带。交通事故发生后，它可尽量降低乘员的伤亡程度，因为在驾驶室内安装的安全气囊（图5-25）和安全带可对乘员起保护作用。安全气囊的工作原理如图5-26所示，当汽车遭受一定的碰撞力量以后，隐藏在车内的安全气囊会瞬间充气弹出，隔在乘员的身体与车内设备之间，保护乘员安全。

图5-25 安全气囊

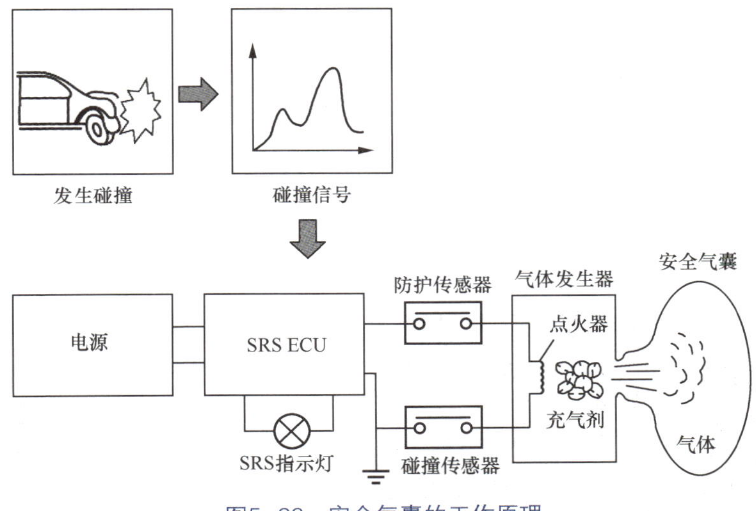

图5-26 安全气囊的工作原理

5.2.2 汽车与交通堵塞

随着现代社会的发展进步，汽车的数量不断增加，交通堵塞问题也越来越严重，而且在城市中尤为突出。

1. 引起交通堵塞的原因

目前交通堵塞（图5-27）的成因主要有：交通参与者的交通观念和安全意识不强，导致交通违法现象频繁出现；城市布局和基础建设不完善，如存在违章建筑、街道上随意摆摊设点和建筑设址错误等；交通模式和管理手段落后以及交通结构发展失衡。

图5-27　交通堵塞场景

2. 解决交通堵塞问题的措施

① 进行道路的可持续性、长远性建设。在规划城市总体布局时，规划者应考虑到交通流的合理分布，把更多的地面交通引入垂直空间，由平面单体交通布局发展为空间立体化交通布局，如加大高架桥、立交桥（图5-28）等基础设施的建设力度。

② 控制交通总量，改善交通结构。对城市交通中汽车总量进行适时、适度的控制，是解决交通堵塞问题的方法之一。比如根据城市发展规模、道路交通流量和环境承载能力的实际情况，可以对车辆采取总量控制、限制通行、登记限制等措施。同时在城市交通中，按比例、结构优先支持发展公共交通，提高运行效率，可以减少私人交通对非社会化客、货运输道路容量的占有，从而可以在一定程度上解决交通堵塞问题。公交车专用车道如图5-29所示。

图5-28　立交桥

图5-29　公交车专用车道

③ 健全道路交通管理机制，提高信息化水平。这包括落实城市交通管理责任，实行交通管理一级抓一级，打造各尽其责的交通安全管理格局；做好交通法治宣传工作，提倡文明行车；提高交通管理信息化水平，建设智能交通数据中心。如利用交通诱导屏（图5-30），实时发布交通状况，引导车辆提前绕行或避让堵车路段，可以从整体上改善交通拥堵状况。

④ 科学调整交通需求。如通过倡导错时上下班、采取单双日通行制度（图5-31）等来缓解交通压力。分散部分城市功能、减少入境交通、增加科技含量、提高管理效能等也是解决交

通堵塞问题的有效措施。

图5-30　交通诱导屏

图5-31　单双日通行制度

5.2.3　汽车保险与理赔

1. 汽车保险的定义与诞生

汽车保险与理赔

汽车保险即机动车辆保险（简称“车险”），是指对机动车辆由于自然灾害或意外事故所造成的人身伤亡或财产损失负赔偿责任的一种商业保险。

汽车保险是以机动车辆本身及其第三者责任等为保险标的一种运输工具保险。其保险客户主要是拥有各种机动交通工具的法人团体和个人，其保险标的主要是各种类型的汽车，但也包括电瓶车等专用车辆及摩托车等。

世界上最早的一份汽车保险出现在1898年的美国。美国的旅行者保险有限公司在1898年给纽约布法罗的杜鲁门·马丁的汽车上了第一份汽车保险。马丁非常担心自己的爱车会被马冲撞。在当时，美国只有4 000多辆汽车，而马的数量却达到了2 000万匹，马车仍然是主要的交通工具。在100多年之后，美国有2.2亿辆汽车，而马的数量已经减少到200万匹。一个多世纪前还被视为新鲜事物的汽车保险，如今已经非常常见。

2. 汽车保险的种类

目前国内汽车保险的种类主要分为机动车交通事故责任强制保险（以下简称“交强险”）和商业保险两大类。其中商业保险又分基本险和附加险。基本险有第三者责任险、车辆损失险、车辆盗抢险、车上人员责任险；附加险有玻璃单独破碎险、自燃损失险、车身划痕损失险、不计免赔特约险等。下面简要介绍一下。

① 交强险。交强险是我国首个由国家法律规定实行的强制保险，是由保险公司对被保险机动车发生道路交通事故造成受害人（不包括本车人员和被保险人）的人身伤亡、财产损失，在责任限额内予以赔偿的强制性责任保险。交强险的目的是为交通事故受害人提供基本的保障，而交通事故受害人获得赔偿的渠道是多样的，购买交强险只是最基本的渠道之一。交强险实行20万元的总责任限额，对于一起交通事故来说，这个金额是不多的，所以仅投保交强险是

远远不够的。适当地增加一些商业保险，可以尽量减少事故发生后的经济损失。在2020年车险改革之后，交强险电子保单慢慢在全国推行，但在没有实行交强险电子保单的地方还是需要粘贴交强险标志（图5-32）。

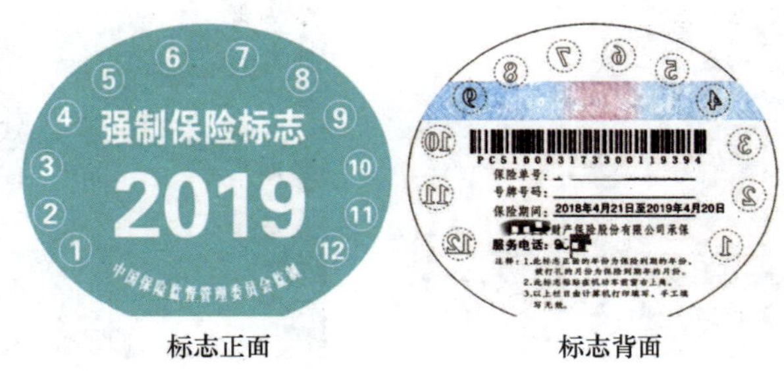

图5-32 交强险标志

② 第三者责任险。第三者责任险是指被保险人或其允许的合法驾驶员在使用保险车辆过程中发生意外事故，致使第三者遭受人身伤亡或财产的直接损毁，依法应当由被保险人支付的赔偿金额，保险人依照保险合同的规定给予赔偿的保险。第三者责任险可以作为交强险的很好的补充保险。

③ 车辆损失险。车辆损失险是指保险车辆遭受保险责任范围内的自然灾害（不包括地震）或意外事故，造成保险车辆本身损失，保险人依据保险合同的规定给予赔偿的保险。

④ 全车盗抢险。全车盗抢险的保险责任为因全车被盗窃、被抢劫、被抢夺造成的车辆损失，以及在被盗窃、被抢劫、被抢夺期间受到损坏或车上零部件、附属设备丢失需要修复的合理费用。如果车辆在使用过程中一直都在比较可靠、安全的停车场中或者是在治安管理很好的小区停放，上下班路途中也没有什么特别僻静的路段，车主可酌情不予投保此险。

⑤ 车上人员责任险。车上人员责任险是指被保险人允许的合格驾驶员在使用保险车辆的过程中发生保险事故，致使车内乘客人身伤亡，依法应由被保险人承担的赔偿责任。如果车辆经常搭载家人朋友的，车主可以考虑投保此险。

⑥ 附加险。在2020年车险改革之后，车辆损失险中增加了一些原本属于附加险的保险，所以保障内容更为丰富。不过这并不意味着附加险就完全没有了，车主在选择一些主险之后，如果还有想要保障的部分，仍旧可以选择投保附加险。附加险不能独立投保，只能在投保了主险的基础上进行添加，主要包括玻璃单独破碎险、自燃损失险、新增加设备损失险、车身划痕损失险、发动机涉水损失险、 修理期间费用补偿险、车上货物责任险、精神损害抚慰金责任险、不计免赔特约险、机动车损失保险无法找到第三方特约险、指定修理厂险，共计11项。

3. 汽车保险的理赔流程

车险理赔是汽车发生交通事故后，车主到保险公司理赔。车险理赔的一般流程包括报案、调度勘查、核实损失、审查核定、支付赔款（图5-33）。

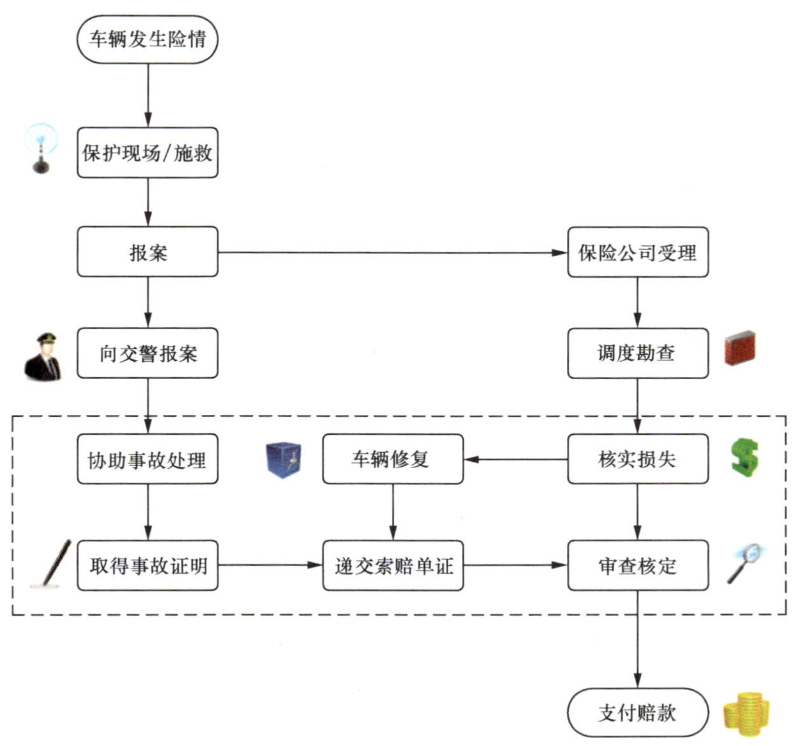

图5-33　车险理赔的一般流程

实践体验

汽车号牌的颜色

汽车号牌是国家车辆管理法规规定的具有统一格式、统一式样，由车辆管理机关对申领牌照的汽车进行审核、检验、登记后，核发的带有注册登记编码的硬质号码牌。汽车号牌的颜色有多种，请同学们通过生活中的观察，运用所学知识，并查阅相关资料，将汽车号牌的颜色及其含义填在表5-3中。

表5-3　汽车号牌颜色的含义

号牌颜色	含义
白色	

思考与练习

一、选择题

1. 交通事故基本上可分为碾压、碰撞等_____种情况。

A. 5　　B. 6　　C. 7　　D. 8

2. 发生交通事故最主要的原因是_____。

A. 驾驶员因素　　B. 行人因素　　C. 道路环境因素　　D. 车辆因素

3. 根据有关规定，车主必须购买的汽车保险是_____。

A. 交强险　　B. 全车盗抢险　　C. 第三者责任险　　D. 车损险

4. 解决交通堵塞问题的措施不包括_____。

A. 进行道路的可持续性、长远性建设

B. 控制交通总量

C. 健全道路交通管理机制

D. 减少汽车保有量

5. 交通参与者应遵循各行其道的原则，行人应当在____上行走。

A. 城市快速路　　B. 人行道　　C. 封闭的机动车道　　D. 非机动车道

二、简答题

1. 引起交通事故的主要原因有哪些？

2. 引起交通堵塞的主要原因和解决交通堵塞问题的措施有哪些？

3. 简述汽车保险的理赔流程。

项目 6

汽车时尚

今天，汽车不再仅仅是代步的工具，汽车的触角已深入生活的方方面面。具有时尚感的汽车带给人的是一种愉悦的心情和优雅、纯粹与不凡的感受，赋予人们不同的气质和神韵，体现不同的生活品位。汽车是流动的风景，带给人们多姿多彩的文化生活，汽车时尚也将以其丰富的内容和独有的魅力不断地影响着人们的生活。汽车运动、汽车展览会、汽车俱乐部、汽车电影等使汽车作为一种时尚文化吸引了更多的人融入其中。在本项目中，我们一同来感受一下汽车的时尚文化。

任务6.1 汽车运动

学习目标

知识目标	能力目标	素养目标
• 了解汽车运动的发展和类型； • 了解汽车比赛的规则； • 了解汽车运动中的先进技术。	• 能总结汽车运动的发展历程； • 能区分汽车运动的类型； • 能体会汽车运动精益求精和顽强拼搏的精神。	• 培养自主学习和归纳能力； • 培养沟通与协调能力； • 培养汽车运动鉴赏能力； • 培养顽强拼搏的体育精神。

相关知识

汽车运动是指汽车在封闭场地内、道路上或野外，比拼速度、驾驶技术和车辆性能的一种运动。汽车运动集人、车为一体，不仅包括车手间个人技艺、意志和胆量的较量，也包括汽车在设计、质量等方面的比较。

6.1.1 汽车运动的起源

世界上最早的汽车运动（车赛）是在1887年4月20日由法国的《汽车》杂志社主办的，不过参赛者只有1个人，他叫乔尔基·布顿，驾驶一辆四人座的蒸汽机汽车，从巴黎沿塞纳河畔开到了努伊伊。世界上最早有汽油车参加的长距离汽车公路赛（图6-1）是在1895年6月，由法国汽车俱乐部和《鲁·普奇·杰鲁瓦尔》报社联合举办，全程达1 178km。此次参加比赛的总共有23辆车，跑完全程的有8辆汽油车，1辆蒸汽机汽车。

在以后的车赛中，为避免汽车在野外比赛时扬起漫天尘土而影响后面车手的视线，造成伤亡事件，车赛逐渐改为在封闭的赛场和跑道上进行，这就是汽车场地赛的雏形。最早的汽车跑道赛于1896年在美国的普罗维登斯举行。为了吸引更多的人参加汽车比赛，使比赛更富挑战性，法国勒芒在1905年举行了世界上第一次真正意义上的汽车场地大奖赛（图6-2）。从此，汽车大奖赛成为世界体育舞台上一项非常重要的赛事，小城勒芒也因此闻名于世。

图6-1 最早的汽车公路赛场景

图6-2 勒芒汽车场地大奖赛场景

汽车运动有很多类型，按照比赛路线划分主要有长距离比赛、环形场地赛和无道路比赛。其中比较知名的有方程式汽车锦标赛、汽车耐力锦标赛、汽车拉力赛和卡丁车赛等。

6.1.2 汽车运动联合会

法国对赛车运动的产生及发展做出了极大的贡献，因此国际性车赛的法文就叫“Grand Prix”（简称“GP”），音译为“格兰披治”，意思就是大奖赛。1904年6月10日，在赛车运动兴盛的法国成立了国际汽车运动联合会（简称“国际汽联”），其会标如图6-3所示，由它负责管理全世界汽车俱乐部和各种汽车协会的活动，如今其总部设在瑞士日内瓦。中国汽车运动联合会（简称“中国汽联”）于1975年在北京成立，其会标如图6-4所示。1983年，中国汽联加入国际汽联。中国汽联主要负责全国汽车运动的业务管理。

图6-3 国际汽联会标

图6-4 中国汽联会标

6.1.3 方程式汽车锦标赛

1950年，国际汽联出于安全和汽车技术发展的需要，颁布了赛车规格和车赛规则，于是便有了方程式（Formula）的概念。参加该类比赛所使用的赛车，必须依照国际汽联制定颁布的车辆技术规则制造。所谓“方程式”，实质是规则和限制的意思。方程式赛车不注重汽车的舒适、经济、外观或费用，注重的只是性能。方程式汽车锦标赛有F1、F3、F3000等级别。

1. F1车队

一级方程式汽车锦标赛（Formula One Grand Prix Auto Racing）是方程式汽车锦标赛的最高级别，是最精彩、最刺激的汽车比赛之一，也称为F1汽车赛（图6-5）。

F1车队由3部分组成。一是赛车，这些赛车均由著名汽车制造厂商研制，一般每个车队有1～2辆赛车。二是拥有国际汽联颁发的“超级驾驶执照”的车手，每年全世界拥有这种执照的不到100人。三是维修人员，一流的汽车维修人员负责赛车的维修保养和后勤支援。

2022年，参加F1汽车赛的车队一共有10支，分别是梅赛德斯、红牛、迈凯伦、法拉利、雷诺、阿斯顿-马丁、威廉姆斯、AlphaTauri（红牛二队）、哈斯、阿尔法-罗密欧。

2. F1赛车

F1赛车主要出自保时捷汽车公司和宝马汽车公司、法拉利汽车公司、福特汽车公司和丰田汽车公司等。目前，由车队制作车架、车壳，由车厂制作发动机已成为赛车制造的主流，只有法拉利汽车公司是一家既生产发动机又生产车架、车壳的公司。F1赛车的外观及基本结构如图6-6和

图6-7所示。

图6-5　F1汽车赛场景

图6-6　F1赛车的外观

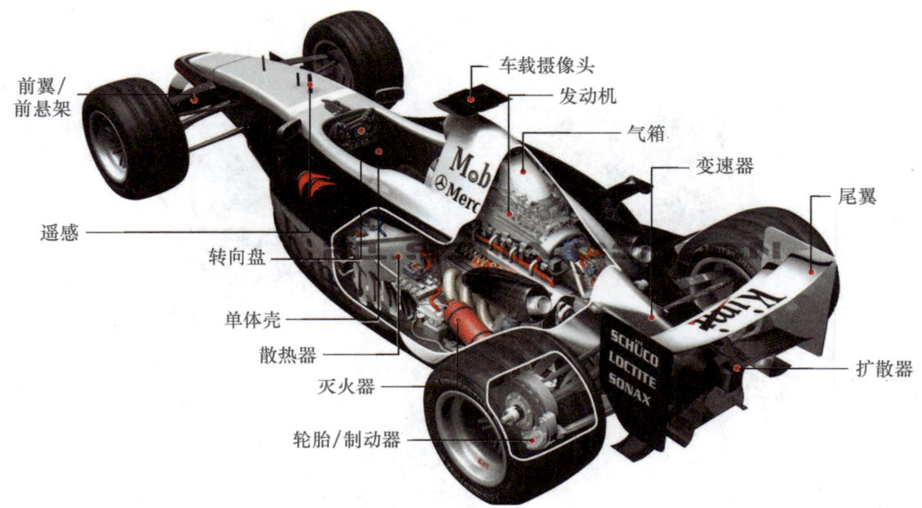

图6-7　F1赛车的基本结构

F1赛车的发动机是车子在比赛中取胜的关键因素。例如雷诺V10、法拉利V12、奔驰V10、标致V10、雅马哈V10、福特V8、本田V10等都是赫赫有名的赛车发动机。F1赛车经过几十年的演变，变化最大的就是发动机的制造技术。从2014年开始，国际汽联规定，F1赛车使用排量上限为1.6L、气缸夹角为90° 的V6涡轮增压直喷发动机。这种发动机采用高标号的汽油作为燃料，最高转速在15 000r/min以上，可以爆发出1 000匹左右的马力（约735kW功率）。现在的F1赛车的发动机也叫作动力单元，包括6种组件，即内燃机（ICE）、涡轮（TC）、动能回收单元（MGU-K）、热能回收单元（MGU-H）、能量储备（ES）和控制系统（ECU，图中未画出），如图6-8所示。这样设计的目的是尽量提高发动机的热效率，如梅赛德斯-奔驰车队的发动机的热效率甚至在50%以上。

F1赛车的外形要综合考虑减小车身迎风面积、增加与地面的附着力以及赛车运动规则等因素。F1赛车的发动机位于车身中后部。底盘材料采用碳素纤维板，其比传统铝板轻了1/2，并且强度高一倍。F1赛车的外形要尽可能呈流线型，以获得较小的迎风面积。另外，F1赛车在高速前进时，会产生向上的升力，使车轮与地面之间的附着力减小，导致赛车“发飘”，影响加速和制动。在车身上安装空气动力学元件（图6-9）后，可以增加向下的压力，使F1赛车在行驶时与地面的附着力增大，增强F1赛车在高速行驶时的稳定性。

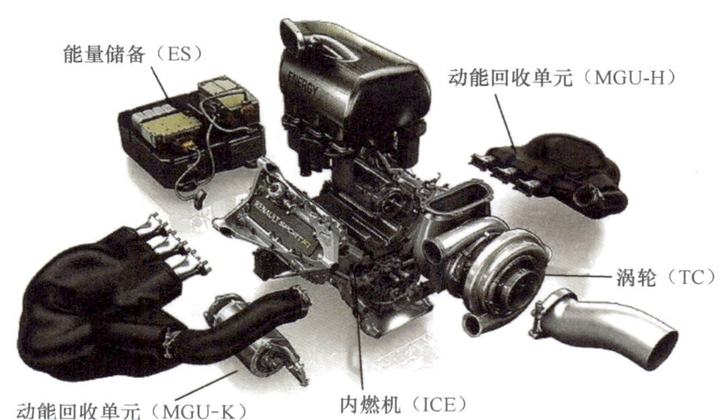

图6-8　F1赛车的动力单元组成

图6-9　赛车的空气动力学元件

轮胎也很关键。为了使发动机的动力能可靠地传递到路面，轮胎被制作得相当宽大（前轮宽约305mm，后轮宽约405mm），以增大与地面的接触面积。根据天气的不同，需要选用不同的轮胎：干地胎或湿地胎（图6-10）。在无雨时选用干地胎，这种轮胎表面光滑，坑纹较少，这有利于轮胎与地面良好贴合；在湿滑条件下则要选用湿地胎，这种轮胎具有明显的坑纹，这有利于排出轮胎与地面之间的积水，保持必要附着力。比赛前，地面工作人员还要用特制的轮胎毯套对轮胎进行加热或保温，使橡胶具有黏性和韧性，以获得较大的附着力，避免起动或转弯时打滑。比赛中F1赛车的高速行驶及频繁的强力转向和急制动使轮胎磨损极快，经常需要在中途换胎，因此，为尽量减少换胎时间，F1赛车的轮胎只有一个紧固螺栓，拆装迅速。

图6-10　F1赛车轮胎

3. F1车手

国际汽联规定，参加F1汽车赛的选手，必须持有“超级驾驶执照”。因此，为了跻身

F1赛场，每名车手必须过五关斩六将，先是参加小型车赛，然后参加三级方程式汽车锦标赛，接着参加二级方程式汽车锦标赛，成功晋级后，才能获得“超级驾驶执照”，成为F1车手。2022赛季F1车手合影如图6-11所示。

F1汽车赛不仅是车速的比试，同时也是车手体能和意志的较量，所以车手必须集身体素质、车技、经验和斗志于一身。比赛中，高速行驶的赛车在转弯时会产生巨大的离心力，这种离心力会使人感到非常恶心，仿佛五脏六腑都与身体骨架脱节了一样。车手首先必须适应这种难受的反应。为了减少离心力对颈部造成的高血压，车手在比赛时都戴着护脖套，以防头部冲撞在转向盘上。车手的肌肉应该是强壮而有耐力的，特别是颈部和肩部的肌肉要格外强壮，这样才能承受高速比赛时所产生的离心力和惯性力的巨大作用。

F1汽车赛在某种意义上说是对车手身体的摧残。由于车手一直处于神经高度紧张的状态，且赛车内温度极高，所以车手体内的水分、盐分和矿物质都消耗得极快。据统计，在比赛过程中，车手的脉搏达140～160次/min，并且持续5h左右，在比赛高潮中，车手的脉搏甚至高达200次/min。虽然F1汽车赛非常消耗体力，但车手却不能随意补充营养、增加体重，原因在于过多的肌肉会加快消耗体内的能量，车手在比赛时易感到疲劳。

F1汽车赛已走过了半个多世纪，在众多出色的车手中，以巴西车手埃尔顿·赛纳（图6-12）和德国车手迈克尔·舒马赫（图6-13）尤为出色。

埃尔顿·赛纳被誉为“赛车王子”。1960年3月21日，塞纳出生于巴西圣保罗市。1973年，年满13岁的塞纳首次参加赛车比赛，17岁时便夺得了南美洲冠军。20世纪80年代末至90年代初是塞纳赛车生涯的辉煌时期，他3次夺得了F1汽车赛的总冠军，塞纳一时间几乎成了F1汽车赛的代名词。1994年5月1日，塞纳驾驶的赛车以约300km/h的速度撞上了水泥防护墙，塞纳因此不幸身亡。

图6-11　2022赛季F1车手合影

图6-12　埃尔顿·赛纳

当今世界F1汽车赛中最负盛名的车手要数迈克尔·舒马赫。舒马赫于1969年1月3日出生于德国。1991年，他在乔丹车队首次参加了F1汽车赛。1994年，他第一次夺得世界冠军，并于次年卫冕成功。1996年，他加盟法拉利车队。2000年，舒马赫为法拉利车队夺得车队与车手双料冠军，成为3届F1汽车赛的冠军车手，他也是法拉利车队21年来的首个冠军车手。2001年，舒马赫再次为法拉利车队夺得车队与车手双料冠军。2006年，舒马赫宣布退役，至此他共参加了211场F1汽车赛，获得91个分站冠军，137次登上颁奖台，并创纪录地获得7次年度车手冠军。

图6-13　迈克尔·舒马赫

4. F1赛道

F1专用赛道均为环形，每圈长度为3～8km，每场比赛距离为300～320km。为安全起见，赛道两旁一般为宽阔的草地或沙地，以便将赛道与观众隔开，同时也可作为赛车冲出赛道之后的缓冲区。国际汽联规定，赛场上不允许有过多过长的直道，这么做目的在于限制高车速，以免发生危险。F1赛场地理环境迥然不同，有的建在高原上，那里空气稀薄，更考验车手的身体素质；有的则是由街道串成的赛场，路面相对狭窄曲折；有的赛场路面宽阔，但有上下坡，更考验车手的技术；还有的赛场建在葱郁的树林中，赛道起伏大，车手控制好赛车的难度较大。国际汽联要求各赛场的救护人员必须分布在全场的每个角落，争取在出事后尽快跑进现场，进行抢救。2004年，中国上海首次成为F1汽车赛的一站（图6-14）。

5. F1赛程

首届F1汽车赛于1950年5月13日在英国的银石赛场（图6-15）举行，当时只有7场比赛，后来场次逐渐增加，最终被限制为16场。目前，F1汽车赛在一年内包括20场左右的大奖赛，所有比赛均由国际汽联安排，每场大奖赛的举办地点都不一样。2023赛季全年共23场大奖赛，该比赛场数创造了历史之最。

图6-14　中国上海F1赛场鸟瞰图

图6-15　1950年的银石赛场

F1汽车赛的每场比赛一般都安排在星期五至星期日，分为练习赛、排位赛和正赛3个赛程，如表6-1所示。练习赛供车手进行自由练习，检查车子各部位的工作情况，熟悉比赛场地。排位赛用于决定正赛出发时的排位顺序。在正赛的前一天，在指定的一个小时中，每个车队的车手要在赛道上竞速，以单圈的最好成绩来排顺序，决定次日的出发排位顺序。排位赛中，每辆车最多允许跑12圈，赛车手在这一期间要尽量跑出单圈最好成绩。

正赛前半小时，各赛车进入排定的起跑位置。在到了比赛时间时，首先开始暖胎，为了确保车手的安全，中途不准超车，也不准更换赛车。如果此时车手的赛车熄火，则将在出发时排在最后。暖胎后，各车回到起跑位置，5盏发令灯一盏一盏地亮，全亮后5盏发令灯一起熄灭，此时赛车方可起跑。如果此时赛车熄火不能发动，将退出比赛。

表6-1　　F1汽车赛赛程

时间	比赛内容
星期五	练习赛（不计成绩）
星期六	排位赛（成绩决定正赛中的排位顺序）
星期日	正赛

F1汽车赛采取全球巡回赛的方式举办，车手根据各场比赛的结果取得积分，他所代表的车队也将获得相应的积分，F1汽车赛积分规则见表6-2。在年度比赛结束时，以积分的多少决定总名次。

表6-2　　F1汽车赛积分规则

名次	1	2	3	4	5	6	7	8
得分	10	8	6	5	4	3	2	1

6.1.4　其他汽车运动

1. 汽车耐力锦标赛

汽车耐力锦标赛亦称“GT赛”，是汽车场地赛的一种，为长时间耐久性汽车比赛。它以车手在规定的时间内完成的路程长短来决定名次。比赛车辆分旅行车和运动原型车两类，并根据发动机的工作容积分为若干级别。比赛中每车可设2～3名车手，车手可轮流驾驶。

GT赛中著名的比赛是勒芒24h汽车耐力锦标赛。勒芒位于法国巴黎西南方约200km处，每年6月份都要举行勒芒24h汽车耐力锦标赛。勒芒24h汽车耐力锦标赛对赛车的性能和车手的耐力都是极大的考验，这是一项艰苦的比赛。汽车制造商不惜耗资数百万美元，参加勒芒24h汽车耐力锦标赛，利用这项大赛来提高自身的声誉。勒芒24h汽车耐力锦标赛赛车演变如图6-16所示。

图6-16　勒芒24h汽车耐力锦标赛赛车演变

2. 汽车拉力赛

（1）汽车拉力赛的规则和类型

汽车拉力赛的“拉力”来自英语“Rally”，意思是集合。汽车拉力赛是在一国/地区或多国/地区跨境举行的多日的、分段的长途汽车比赛。正式的汽车拉力赛于1911年在英国举行。

汽车拉力赛的赛道既有平坦的柏油公路，也有荒山野岭的崎岖山路。比赛时，路线上有其他车辆通行，参赛汽车还会限定每天行驶的路程及到达时间；路线上设检查站，以检查参赛汽车是否在规定时间内通过。因此，这是一种既检验车辆性能和质量，又考验车手技术的比赛。参赛汽车须是批量生产的轿车或经过改装的车。短的汽车拉力赛需要几天，长的可持续几十天。

汽车拉力赛主要分为两种：一种为由甲地出发，到达乙地结束的长距离马拉松拉力赛，比如人们所熟悉的巴黎-达喀尔拉力赛（The Paris Dakar Rally）；另一种为每天行驶的方向不同，但均返回同一地点、历时2～3天的系列赛事，其每年会在不同国家和地区举办数场或十几场，世界拉力锦标赛（World Rally Championship，WRC）便是这类比赛。

（2）巴黎-达喀尔拉力赛

巴黎-达喀尔拉力赛简称达喀尔拉力赛，被称为“勇敢者的游戏”，是世界上最严酷和最富有冒险精神的赛车运动之一，比赛对参赛者是否为职业选手并无限制，80%左右的参赛者都为业余选手。每年的达喀尔拉力赛赛会都以赞助商或地区名称冠名，其徽章和比赛场景如图6-17所示。

图6-17 达喀尔拉力赛徽章和比赛场景

达喀尔拉力赛虽然叫作拉力赛，但事实上这是一个远离公路的耐力赛。比赛中参赛汽车需要穿越的地形比普通拉力赛要复杂得多，而且参赛汽车都为真正的越野车，而非普通拉力赛中的轿车。达喀尔拉力赛的大部分赛段都是远离公路的，参赛汽车需要穿过沙丘、泥地、草丛和沙漠，每天行进的路程由几千米到几百千米不等。

（3）世界拉力锦标赛

世界拉力锦标赛是一项由国际汽联组织的，全世界范围内级别最高的拉力系列赛事之一。第一场WRC在1973年举行。WRC全年在世界各地举行14站比赛，每个分站产生分站冠军，全年总积分最高的一对车手和领航员成为本年度的WRC世界冠军。WRC的徽章和比赛场景如图6-18所示。

图6-18 WRC的徽章和比赛场景

WRC的比赛规则十分详细，比如参赛车辆必须为各大汽车厂商年产量超过2 500辆的原型轿车，同时对于赛车改装后的尺寸、重量，以及排量、功率等都有严格的限制。每辆参赛汽车必须同时搭乘一名车手和一名领航员。车手主要负责开车，充分发挥自己高超的驾车水平，而领航员既要在比赛期间安排好一些生活琐事，还要在比赛时为车手指明每一天比赛中的路线，并在赛段里及时准确地提供前方的路况。WRC的赛站分布于全球，其路面包括沥青路、砂石路和冰雪路等3种不同情况。每个赛站分为若干普通赛段和特殊赛段，规则与一般汽车拉力赛相同。

3. 卡丁车赛

卡丁车（图6-19）运动兴起于20世纪五六十年代的欧美国家。由于卡丁车具有尺寸小、安全性强、易于操作、价格较低的特点，又兼有大型赛车速度快、惊险刺激的特点，既可以用于竞技比赛，又可以用于娱乐，因而卡丁车运动现已成为全世界参与人数最多的汽车运动之一。近年来，中国的卡丁车运动得到了较大发展，全国可供比赛的场地有10处，仅北京地区符合比赛要求的赛道就有5条。

卡丁车赛（图6-20）是汽车场地赛的一种，分方程式卡丁车、国际A/B/C/E级和普及级等6类，共12个级别。卡丁车使用轻钢管结构，操纵简单，无车体外壳，装配100mL、125mL或250mL汽油发动机，四轮单座位，重心低，常在曲折的环形路线上行驶，速度感强。卡丁车是世界方程式汽车锦标赛赛车的初级形式，始于1940年。由于许多F1车手都是从卡丁车手转变而来的，因此卡丁车赛被视为F1车手的摇篮。

图6-19　卡丁车

图6-20　卡丁车赛

实践体验

探秘F1汽车赛中的花色旗帜

在精彩刺激的F1汽车赛中，红、黄、白、黑、蓝等各色旗帜飘舞在赛场上，作为信息传递的工具。车手和裁判之间的信息沟通通过挥舞不同颜色的旗帜来完成。这些旗帜代表的具体含义各不相同，请同学们查阅资料，拓展学习范围，并将收集到的信息填写在表6-3中。

表6-3　F1汽车赛旗语

旗帜		代表含义
	黑白格子旗	

续表

旗帜		代表含义
	红旗	
	绿旗	
	黑旗	
	黑底红圈旗	
	蓝旗	
	黄底红条旗	
	黄旗	
	白旗	

思考与练习

一、选择题

1. 最早的汽车跑道赛于1896年在______举行。

A. 德国　　B. 美国　　C. 法国　　D. 英国

2. 法国勒芒在_____年举行了世界上第一次真正意义上的汽车场地大奖赛。

A. 1905　　B. 1886　　C. 1896　　D. 1921

3. 国际汽联的总部目前设在______。

A. 柏林　　B. 巴黎　　C. 纽约　　D. 日内瓦

4. 首届F1汽车赛于1950年5月13日在______的银石赛场举行。

A. 德国　　B. 美国　　C. 法国　　D. 英国

5. 下列关于F1汽车赛的说法，不正确的是_____。

A. F1车队由赛车、车手和维修人员组成

B. 一般每个F1车队最多有两辆参赛车辆

C. 迈克尔·舒马赫是目前夺得世界冠军次数最多的车手

D. F1汽车赛的每场比赛均分为计时排位赛和决赛两个赛程，成绩都计入总分

二、简答题

1. 简要介绍汽车运动的起源。

2. 什么是汽车拉力赛?

3. 简述F1汽车赛对发动机的要求。

任务6.2 汽车娱乐

学习目标

知识目标	能力目标	素养目标
• 了解世界汽车展览； • 了解汽车城的代表企业； • 了解汽车俱乐部的起源与现状； • 了解汽车与电影、广告的关系。	• 能区分各世界汽车展览； • 能分析汽车媒体的传播规律； • 学会欣赏与评价汽车相关的娱乐活动。	• 培养自主学习和归纳能力； • 培养沟通与协调能力； • 培养对汽车时尚文化的鉴赏能力。

相关知识

汽车娱乐产业是汽车产业和文化产业的交叉型新兴产业，是汽车产业链向两端的延伸，作为一种宽泛的概念，是以汽车文化内容的创造为核心，通过市场化和产业化组织的经济形态。今天，汽车丰富了人们的生活内容，提高了人们的生活水平。汽车展览、汽车俱乐部、汽车电影等汽车娱乐都给人们的生活带来愉悦和享受，使人们的生活更加丰富多彩。

6.2.1 世界汽车展览

汽车展览（简称“车展”）是为了展示汽车产品和汽车技术、拓展渠道、促进销售、传播品牌而进行的一种宣传活动。车展有助于消费者熟悉汽车或汽车相关产品，充分了解汽车工业的发展趋势和时代脉搏。目前世界范围内影响力比较大的大型车展有以下6个。

（1）北美车展

美国底特律可以说是世界上与汽车联系得最紧密的城市之一，也是美国三大汽车公司总部所在地，底特律的汽车工业蜚声天下。北美车展的前身是底特律国际汽车展览会，至今已经有百年以上历史，是美国创办历史最长的车展之一。该车展创办于1907年，是世界上最早举办的汽车展览之一。1989年，底特律国际汽车展览会更名为北美车展。北美车展于每年1月举行，由于是在年初举行，因此它也被誉为每年的“全球汽车风向标”。北美车展上某品牌汽车的发布会场景如图6-21所示。

（2）巴黎车展

巴黎车展总能给人新车云集、争奇斗艳的感觉，时尚是具有悠久历史的巴黎车展的突出特点。1898年6月，巴黎车展首次举办，自1923年开始，巴黎车展改在10月的第一个星期三举办，这项惯例一直延续到今天。1976年起，巴黎车展定为每两年举办一届，到2022年已举办了84届。世界各大汽车公司总喜欢让自己最先进的技术、产品在巴黎车展上亮相，而两年一届的巴黎车展也是概念车的盛会，各款新奇的概念车（图6-22）常常使观众眼前一亮。

图6-21 北美车展上的某品牌汽车发布会场景

图6-22 巴黎车展上的雪铁龙概念车

（3）日内瓦车展

瑞士没有自己的汽车工业，而日内瓦却承办着世界上最知名的车展之一。每年一度的日内瓦车展有着迷人的景致、公平的氛围、细致入微的参展规则和最淡的地方保护主义色彩，无论是汽车巨头还是小厂商，都可以在日内瓦车展上找到一席之地（图6-23）。日内瓦车展受到世界上各汽车公司的好评，更为众多观光者所青睐。日内瓦车展始于1905年，每年3月举行，是世界六大车展中比较热闹的，被誉为“国际汽车潮流风向标”。

（4）法兰克福车展

法兰克福车展的前身为柏林车展，创办于1897年。1951年，柏林车展移到法兰克福举办，展览时间一般在9月中旬，每年一届，轿车和商用车轮换展出。法兰克福车展（图6-24）是当时世界上规模最大的车展，有“汽车奥运会”之称，是世界几大车展中技术性最强的，被誉为最安静的车展。作为世界几大车展之一，法兰克福车展的参展商众多，主要来自欧洲、美国和日本等，尤其以欧洲的汽车公司居多。

图6-23 日内瓦车展的“无边界”展台设计

图6-24 法兰克福车展

（5）东京车展

东京车展（图6-25）创办于1966年，每年10月底举行，单数年为轿车展，双数年为商用车展。东京车展历来是日本本土生产的各种千姿百态的小型汽车展示的舞台，这也是该车展与其他国际车展相比最鲜明的特征。同时，各种各样的汽车电子设备和技术也是该车展的一大亮点。年轻的东京车展发展得非常快，目前成为最新汽车科技的集中展示地。环保和节能车型始终是东京车展的亮点，与其他大型车展相比，东京车展更具独特魅力。日本汽车公司制造的多款造型小巧精美、内饰高档的车总能成为东京车展上的主角。

（6）上海车展

上海车展创办于1985年，是中国最早的专业性国际汽车展览，每两年举办一届。2004年6月，上海车展顺利通过了国际博览联盟（UFI）的认证，成为中国第一个被UFI认证的汽车展览。伴随着中国汽车工业与国际汽车工业的发展，经过近40年的积累，上海车展已成长为中国最权威、国际上最具影响力的车展之一。2023年，上海车展有来自全球超千家企业参展，开启新能源电动汽车发展的新篇章，150款全球首发车型中的近2/3是新能源电动汽车。在上海车展上，自主车企更是凭借本土供应链的优势，通过产品力的提升向中高端汽车市场拓展，比亚迪仰望U8（图6-26）以109万元的预售价格拉开了中国电动汽车高端化的序幕。

图6-25　东京车展

图6-26　上海车展上的比亚迪仰望U8

6.2.2　世界汽车城

1. 美国底特律

底特律是美国密歇根州最大的城市，1701年由法国毛皮商建立，位于美国东北部，是底特律河沿岸的一座重要的港口城市、世界传统汽车中心和音乐之都。底特律是通用、福特和克莱斯勒三大汽车公司总部所在地，是美国第五大城市。美国1/4的汽车产于这里，全城440万人口中约有90%的人靠汽车工业为生。底特律通用大厦如图6-27所示。

2. 日本丰田

丰田市位于日本爱知县东部，因丰田汽车公司建于此而闻名于世，绰号“日本底特律”。全城从业人员均服务于丰田汽车公司。丰田汽车的出口港是名古屋，名古屋建有世界第一个、最高容量为5万辆的丰田汽车专用码头。丰田汽车公司总部如图6-28所示。

图6-27　底特律通用大厦

图6-28　丰田汽车公司总部

3. 德国斯图加特

斯图加特是德国西南部的重要城镇，是梅赛德斯-奔驰集团股份公司和保时捷汽车公司总部所在地。全城人口约为60万，每年要接待来自世界各地的14万名汽车用户、汽车经销商的相关人员和游客。世界闻名的奔驰和保时捷汽车在这里下线，这里也是汽车配套供应商——博世（BOSCH）公司所在地。斯图加特奔驰博物馆如图6-29所示。

4. 意大利都灵

都灵是意大利最大的汽车公司菲亚特汽车公司总部所在地。都灵是意大利第三大城市，皮埃蒙特行政区首府，欧洲最大的汽车产地，还是历史悠久的古城，保存着大量的古典建筑，也是都灵足球俱乐部和尤文图斯足球俱乐部的主场。全城人口约为120万，其中30多万人从事汽车工业行业。都灵每年生产的汽车占意大利汽车总产量的75%。1899年，菲亚特汽车公司在都灵成立，成为意大利第一家汽车公司。菲亚特汽车公司在总部大楼建设了楼顶试车场（图6-30），如今已有百年历史。

图6-29　斯图加特奔驰博物馆

图6-30　菲亚特汽车公司的楼顶试车场

5. 德国沃尔夫斯堡

沃尔夫斯堡又名“狼堡”，位于德国下萨克森州，总面积约为310km^2，人口约为13万。欧洲最大的汽车制造商大众汽车公司的总部就设在这里（图6-31）。大众汽车公司的成立推动了这座城市的发展。1938年，该城市成为当时德国的现代化汽车城，并逐渐成为德国北部的工业中心和欧洲最大的汽车制造中心之一。

图6-31　大众汽车公司总部

其他汽车城见表6-4。

表6-4　其他汽车城

城市	代表汽车公司
日本东京	日产汽车公司、三菱汽车公司和五十铃汽车公司所在地
法国巴黎	标致-雪铁龙汽车公司所在地
英国伯明翰	利兰汽车公司所在地
德国吕塞尔海姆	欧宝汽车公司所在地
法国比扬古	雷诺汽车公司所在地
中国长春	中国第一汽车集团有限公司所在地

6.2.3 汽车俱乐部

汽车俱乐部是为车主服务的一个专业组织，向车主提供汽车维修、保养、美容和汽车配件用品等服务，品牌汽车的俱乐部还会组织车主外出活动、进行技术交流等。汽车俱乐部可以为会员提供生产型服务和生活型服务；为会员提供技术和使用服务，解决会员在汽车使用过程中的实际问题，并组织会员开展交友、娱乐和休闲活动。因此，汽车俱乐部是弘扬汽车文化的重要形式，是拓展汽车文化的重要领域。

汽车俱乐部由来已久，1895年10月，美国《芝加哥时报》在“车坛风云”专栏上发表了赛车运动员查尔斯·布雷迪·金格建议成立汽车俱乐部的想法，一时引起众多车迷的关注。1895年11月1日，由《先驱者时报》主办的汽车大赛在芝加哥开幕，全美各地的驾驶员驾车参赛，有60多名驾驶员在酒店聚会，倡议并发起成立美国汽车联盟，这便是世界上第一个汽车俱乐部。

如今汽车俱乐部在发达国家早已盛行，并且形成一个非常大的行业。据统计，世界各地汽车俱乐部的会员总数至少有2亿名。汽车俱乐部这种组织形式不仅创造了大量就业岗位，而且每年的营业额也很可观。世界上最大的汽车俱乐部——美国汽车协会已有4 200万名会员，其会标如图6-32所示。

1995年，中国成立了第一家汽车俱乐部——北京大陆汽车俱乐部，这是国内成立最早的汽车俱乐部（图6-33）。CAA以全国汽车道路救援为起点，建立起全国综合性的汽车服务管理平台。CAA除了开展救援服务这一核心业务之外，还更加深入地发展汽车后市场，为会员及合作伙伴提供更多的选择便利和多元化的服务。

图6-32 美国汽车协会会标

图6-33 北京大陆汽车俱乐部会标

6.2.4 汽车电影

在汽车诞生至今的100多年中，汽车文明展现着人类对智慧、速度、力量、美的不懈追求。而1895年12月28日诞生的电影，也通过胶片的运转，在想象空间中记录历史、娱乐视觉，创造着百年奇幻旅程。时至今日，汽车已经成为电影的重要元素，金属机器带来的速度美感吸引着观众的目光。正如好莱坞流传的说法那样：“惊险片中如果有车战场景，票房常常会很好。”汽车在电影中已经不再仅仅是配角，它们有的时候也会成为电影的主角，例如在《速度与激情》和《变形金刚》系列电影中。

《速度与激情》是罗伯·科恩等执导的赛车动作主题系列电影，由美国环球影业出品，于2001年至2023年共上映10部。电影海报如图6-34所示。该系列所有的电影中充斥着各种宏大的场面，给影迷们带来了汽车的视觉盛宴。

《变形金刚》是迈克尔·贝执导的美国科幻动作系列电影，由派拉蒙影业公司和梦工厂发行，于2007年至2017年共上映了5部，其海报如图6-35所示。该电影改编自20世纪80年代的《变形金刚》动画片，勾起了很多影迷的回忆。

图6-34　《速度与激情》海报示例

图6-35　《变形金刚》海报示例

随着电影的传播，一些汽车制造厂商的名字也日益深入人心，这为它们创造了不菲的商业价值。以汽车为主角的“汽车电影”的出现更为汽车设计赋予了更大的想象空间，电影与汽车的结合无疑有利于实现商业与娱乐的双赢。

6.2.5　汽车广告

汽车广告是商业文化在汽车营销中的延伸，汽车广告文化是商业文化的组成部分，同时也是一种价值体系。

1. 汽车广告的起源

有据可查的最早的汽车广告出现在1898年8月13日的《科学美国人》杂志中，它是一家位于克利夫兰的汽车制造商刊登的广告（图6-36），其文案中写着“DISPENSE WITH A HORSE”“THE WINTON MOTOR CARRIAGE”，翻译过来就是“让马都歇了吧”“温顿牌汽车”。这是一则简单的广告，但它拉开了汽车广告的序幕，使得汽车与广告如影随形，改变着人们的生活，也改变着世界。

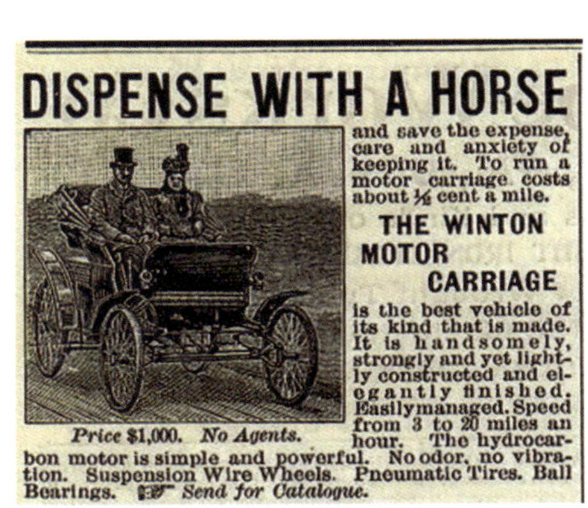

图6-36　最早的汽车广告

2. 汽车广告的作用

汽车广告是汽车企业用以对目标消费者和其他公众进行说服性传播的工具之一。汽车广告要体现汽车公司文化和汽车产品形象，从而吸引、刺激和诱导消费者购买该品牌的汽车。其具体作用体现在以下方面。

① 建立知名度。汽车广告可向消费者传达新车上市的信息，吸引目标消费者的注意，也可避免促销人

员向目标消费者描述新车时花费大量时间，使新车快速具备知名度，迅速占领市场。

② 促进理解。新车具有新的特点，汽车广告可以向目标消费者有效地传递新车的外观、性能、使用等方面的信息，引发他们对新车的好感和信任，激发其进一步了解新车的兴趣。

③ 有效提醒。如果目标消费者已经了解了新车，但还未购买，汽车广告就能不断提醒他们，刺激其购买欲望，这比人员促销要经济得多。

④ 树立公司形象。对于汽车这样一种耐用消费品，消费者在购买时，非常重视汽车公司的形象，包括汽车公司的信誉、名称、商标等，汽车广告可以提高汽车公司的知名度和信誉度，扩大其市场占有率。

3. 汽车广告的特点

① 策划对象不同。广告策划要根据媒介的不同，安排不同的诉求内容和创意手段。汽车较之其他产品具有高附加值的特性。汽车公司做广告策划的过程也是其研究消费者购买心理和购买行为的过程。汽车广告策划的原则是让消费者“喜闻乐见、印象深刻”。

② 广告形式不同。从目前已发布的汽车广告来看，创意性质的广告较多，策划式的广告相对贫乏。有的平面广告只是把发动机、ABS、安全气囊依次罗列，不够大气；有的电视广告只展示一辆汽车飞奔而去的画面，其广告语也不知所云，这种广告让人一时难以理解。产品广告要在别出心裁的策划基础上，加上精彩巧妙的艺术创意，这样才能让消费者从广告中以小见大，使公司及其产品在消费者心目中留下一个好印象。

③ 文化元素不同。对于自主品牌的汽车广告而言，本土化是其区别于外国品牌的一大亮点。例如，针对中国人特殊的民族情结，在汽车广告中融入中国优秀传统文化元素，易于使消费者产生情感上的共鸣，从而提升广告宣传的效果。在应用优秀传统文化元素时，不能直接将其放入广告中，可以通过对优秀传统文化元素的提取、设计，使其更贴近产品，更好地融入广告中，以此来吸引消费者，使他们感受到产品的价值所在。

实践体验

盘点电影世界中的汽车

看电影是现在年轻人热爱的一种娱乐休闲方式，电影世界中也有很多经典的车型，使得很多人因为一部电影而喜欢上一辆车，或者因为一辆车而喜欢上一部电影。请同学们查阅资料，拓展学习范围，盘点电影世界中的经典车型，并将收集到的信息填写在表6-5中。

表6-5 电影世界中的汽车

电影名称	上映时间	代表车型	车型特点

思考与练习

一、选择题

1. ______曾是世界上规模最大的车展，有“汽车奥运会”之称。

A. 日内瓦车展　B. 东京车展　C. 北美车展　D. 法兰克福车展

2. ______以其公平的氛围和最淡的地方保护主义色彩，而受到世界各汽车公司的好评。

A. 日内瓦车展　B. 东京车展　C. 巴黎车展　D. 法兰克福车展

3. 世界各地的汽车俱乐部中，规模最大的汽车俱乐部在______。

A. 美国　B. 德国　C. 日本　D. 中国

4. 德国斯图加特是______汽车公司总部所在地。

A. 大众　B. 梅赛德斯-奔驰　C. 菲亚特　D. 宝马

5. 汽车广告的具体作用在于______。

A. 建立知名度　B. 促进理解

C. 有效提醒　D. 以上答案都正确

二、简答题

1. 简述世界五大车展。

2. 列举五个世界汽车城，这些城市的代表汽车公司有哪些？

3. 简单总结一下汽车广告与其他产品广告的不同之处。